BUILD TO LAST

基业长青的领导力

沃德精英商学院

著

VUCA（易变性、不确定性、复杂性、模糊性）时代的到来，给企业和领导者带来了巨大挑战。企业和团队要想持续发展，实现基业长青最大的挑战之一就是解决管理者的领导力问题。本书指出，提升领导力的奥妙就在于把"我"变成"我们"，把"我要奋斗"变成"我们要奋斗"。

　　本书总结了沃德精英商学院在过去 20 年间经营管理和教学培训的实际经验，从多个角度阐述了提升领导力的关键要素，并论述了如何通过打造领导力，解决企业管理中的各种实际问题，带出优秀的团队，实现基业长青。

图书在版编目（CIP）数据

基业长青的领导力 / 沃德精英商学院著. — 北京：机械工业出版社，2021.9
ISBN 978-7-111-68961-4

Ⅰ.①基…　Ⅱ.①沃…　Ⅲ.①企业领导学　Ⅳ.① F272.91

中国版本图书馆CIP数据核字（2021）第165659号

机械工业出版社（北京市百万庄大街22号　邮政编码100037）
策划编辑：侯春鹏　　责任编辑：侯春鹏
责任校对：李　伟　　责任印制：单爱军
河北宝昌佳彩印刷有限公司印刷

2022年1月第1版第1次印刷
169mm×239mm · 11.5印张 · 1插页 · 127千字
标准书号：ISBN 978-7-111-68961-4
定价：55.00元

电话服务　　　　　　　　　　网络服务
客服电话：010-88361066　　机 工 官 网：www.cmpbook.com
　　　　　010-88379833　　机 工 官 博：weibo.com/cmp1952
　　　　　010-68326294　　金 书 网：www.golden-book.com
封底无防伪标均为盗版　　　机工教育服务网：www.cmpedu.com

谨以此书
献给所有热爱生命，努力奋斗，
成就他人的未来领导者！

前　言

仔细想想，我们就会发现，成功的领导者身上似乎都有一种超级强大的气场，这个气场能把精英吸引来，把队伍凝聚住，给人力量，给人温暖，催人奋进。

实际上，"领导力"的内涵很难准确定义，可以说是虚无缥缈的。因为没有任何两个人在这个问题上的看法一致，也没有任何两个人用同样的方法去定义领导力。有一段时间，我曾经买过20多本关于领导力的书籍。这些书要么是讲某位领导者如何取得成就的振奋人心的故事，要么就是在揭示领导者取得成功的秘诀。但是这些书都有一个共同的角度，它们均强调领导者的内在素质。有的时候，这些领导者特性强调的是人的自身实力（性格、诚信、活力）；有的时候，它们所描绘的都是领导者知道些什么（技术诀窍、战略思维）以及他们的行事方法（设定目标、扁平化管理、强调团队）。我们越是把领导力简单地看作一连串领导特性的组合，就越发觉得单一地关注领导者的特性，就会忽视了领导力方程中一些关键和显著的问题。可当我读到彼得·德鲁克为一群从事医疗行业的高级管理人员所做的一篇演讲的时候，心里倍感慰藉，他在演讲中说道："领导力追根溯源是关于结果的问题。"

领导力的奥妙就在于把"我"变成"我们"——把"我会"变成"我们大家都会",把"我想"变成"我们大家都想",把"我要奋斗"变成"我们大家都要奋斗"。

罗曼·罗兰在《米开朗基罗传》里说:"世界上只有一种真正的英雄主义,那就是认清生活的真相后还依然热爱生活。""德不孤,必有邻"出自《论语》,整句话的意思是有道德的人是不会孤单的,一定会有志同道合的人来和他相伴。这两句话暗藏着领导力的修养与智慧。积极的领导力是乐观的,有道德感的。在有德行的人眼里,关怀弱者、关怀社会是他们的责任和义务。为高尚的品德而活,也许会寂寞、会痛苦,但是最终一定会得到更多人的理解、欣赏与敬佩。

当我看到大山的绚丽,不光要在山下欣赏山的美丽,同时要亲自登山,感受征服山的乐趣。

从现在开始,你可以尝试着学习领导力的底层法则,并不断通过实践深化理解。请相信,这带给你的好处将是超乎想象的。

著 者

2020 年 12 月

目　录

前言

第一章　愿景和价值 ...001

Chapter 01

第一节　通过共同价值观找到目标　...002

第二节　人才是第一生产力　...003

第三节　愿景实施与领导力　...005

第二章　从"我"到"我们" ...007

Chapter 02

第一节　在组织中成就卓越　...008

第二节　学会分享　...009

第三节　读懂团队的框架　...013

第四节　企业真正的核心竞争力　...018

第五节　"我"诚可贵，"我们"价更高　...021

第六节　铸造"我们"的团队精神　...025

第七节　在愿景中看到更好的自己　...028

第三章　深度沟通的艺术　...037

Chapter 03

- 第一节　沟通是提升领导力的核心技能　...038
- 第二节　倾听，学习，贯彻到底　...041
- 第三节　打造思维黄金圈　...043
- 第四节　将情感认同作为沟通的切入点　...047
- 第五节　通过沟通快速和他人建立信任和链接　...048
- 第六节　人人"能说不"，但不见得"会说不"　...050

第四章　成长的重要性　...053

Chapter 04

- 第一节　独立思考让领导力更具个性　...054
- 第二节　生命的成就取决于你的态度　...056
- 第三节　绘出自己的人生蓝图　...059
- 第四节　路漫漫其修远兮，吾将上下而求索　...061
- 第五节　麦克斯韦尔的领导哲学　...065
- 第六节　活到老，学到老　...067

第五章　领导力的维度　...071

Chapter 05

- 第一节　学习力，就是领导者关键的成长能力　...072
- 第二节　决策力，就是领导者高瞻远瞩的能力　...074
- 第三节　组织力，就是领导者选贤任能的能力　...076
- 第四节　教导力，就是领导者带队育人的能力　...078
- 第五节　执行力，表现为领导者超常的绩效　...080
- 第六节　感召力，就是领导者赢得人心的能力　...083

第六章 贡献的回报 ...085

Chapter 06

第一节 将欲取之，必先予之 ...086
第二节 种瓜得瓜，种豆得豆 ...087
第三节 懂得付出，是一种更高维度的领导方式 ...089

第七章 杠杆法则 ...093

Chapter 07

第一节 领导力——撬起世界的能力 ...094
第二节 高效执行，效率最大化 ...096
第三节 杠杆成就事业 ...100
第四节 综合运用杠杆 ...103

第八章 从复杂到简单 ...105

Chapter 08

第一节 大道至简 ...106
第二节 无为而治 ...107
第三节 简单是终极的复杂 ...112
第四节 及时更新你的"心灵地图" ...114
第五节 挣开心灵上的束缚 ...116
第六节 莫靠怀念过去来逃避现实 ...118
第七节 归零心态 ...123
第八节 敢于冒险才有可能成功 ...124

第九章　统合综效　...127

Chapter 09

第一节　掌握万物生长的法则　...128
第二节　统合综效的秘密　...131
第三节　统合综效在团队中　...132
第四节　工作中的统合综效　...135
第五节　与优秀人才为伍　...136
第六节　借助他人的力量　...140

第十章　基业长青领导力　...143

Chapter 10

第一节　成就卓越的秘密　...144
第二节　领导者的脑力游戏　...145
第三节　领导力的基石　...147
第四节　没有规矩不成方圆　...150
第五节　讲好故事，引发情感共鸣　...153
第六节　领导者须高瞻远瞩　...156

后记　...159

奋斗者箴言　...161

第一章　愿景和价值

"这世界的美好之处不取决于我们的位置,而是我们正在往哪个方向移动。"

——哈佛大学　奥利佛·温德尔·霍姆斯

领导者必须有清晰的愿景。一个伟大的愿景对企业的发展至关重要,能为企业在不确定的环境中指明方向,能使大家目标一致,发挥潜力,为成就伟大企业埋下种子。

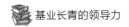
基业长青的领导力

第一节　通过共同价值观找到目标

没有愿景和价值的奋斗是盲目的，犹如在沙漠里跋涉，尽管一直在走，却分不清方向，也不知何处是清泉。现代管理学之父彼得·德鲁克（Peter Drucker）认为企业家要思考三个问题：

第一个问题，我们的企业是什么？

第二个问题，我们的企业将是什么？

第三个问题，我们的企业应该是什么？

这也是思考企业文化的三个原点，这三个问题集中体现了一个企业的愿景，回答了以下三个问题：

其一，我们从哪里来？

其二，我们要到哪里去？

其三，我们的未来是什么样的？

正确愿景的制定，是打造基业长青组织的关键。只有与愿景连接的价值观才是最优良的价值观，要让愿景目标充满价值观的每一个环节，让每一个岗位上的员工都明确：我在为愿景工作；为了愿景的实现，我应该干什么和如何干。

在企业发展壮大的历程中，股神巴菲特坚持了价值投资的理念，50年得到超过300倍的投资回报；马斯克在企业发展中坚守着对绿色能源的执着；爱因斯坦科学奖获得者、著名细胞生物学家华斯博士对建立全球健康大家庭理念的不懈追求终获成功；华为面对危机从容应对……他们之所以成功，是因为他们的奋斗始终围绕着企业愿景，他们注重的是为社会创造价值。他们能在发展中不断地壮大，和他们一直坚守企业的美好愿景和正确的价值观密不可分。

价值观，就是要求企业员工要有统一的奋斗目标和行事原则。领导者需要在共同愿景的基础上，对组织成员适度地加以引导和协调，以建立起统一的价值观。正确的组织价值观，强调的是组织内部成员共同遵守的行为准则和奉行的信条，彼此间能够为了一个统一的目标而共同努力奋斗和奉献。

2019年，我们团队一起在美国沃顿商学院学习。学习中，斯图教授着重讲到了如何永续经营企业的价值观（也就是企业经营的着眼点）。这里所讲的不仅仅是对股东的回报，也不单单是企业的营业额和利润点，而是企业经营的长久性，以及对环境和社会的影响和回馈。

第二节　人才是第一生产力

一个企业只有树立正确的价值观和企业文化，能够站到一定高度上，才会吸引更多有相同价值理念的人才，同时也会影响和改造那些价值观不匹配的领导层，使他们一起为了共同的目标而前行。

科技发展日新月异，高智能化的科技装备层出不穷，但是无论如何，企业的管理者一定要深深懂得，人才才是企业发展的最核心因素。因为，人是具有无限发展可能性的。人可以调配各种资源来让它产生最大的利益。

只有拥有了人才，企业才具有实现目标的可能性和无限的竞争力。对于公司愿景与人才的关系，企业领导者必须要深谙这几点：

1. 美好的愿景是吸引人才的最佳方法

作为领导者必须要明确地知道，企业未来到达的是一个怎样的彼岸？希望发展成为一个怎样的企业？希望企业的规模、市场份额和利润的增长点是多少？员工能够获得什么？所有的这些，企业的领导者都必须在大脑中绘制出一幅蓝图，只有这样，你的所有决策，才能激发员工强烈的憧憬。你的团队就会成为一个团结有力的集体，知道前进方向、懂得如何去实施。你必须坚持这种理念，以美好的愿景与员工同频共振，这样你的组织才能实现长足发展。

2. 对愿景的坚定信念

企业的愿景要明确展示出来，组织中的每个人都要理解愿景并为之奋斗。领导者要不断地强调和提醒愿景的重要性，让员工把愿景融进他们的血液中，并在工作中将愿景外化于行。

3. 不存私心

领导者过于注重私利就会导致企业发展遇碍，领导者必须把企业和组织的利益放到第一位，以共同的愿景提升员工的眼光和格局。领导者要像磁场一样，吸引各种各样的人才，凝聚团队不断前行！

第三节　愿景实施与领导力

美国社会学家罗伯特·莫顿提出了一个著名的马太效应：任何群体，只要在某一方面获得成功和进步，就会产生积累优势，从而拥有更多的机会取得更大的成功。

每一个伟大的组织、社团、公司、企业，他们的开始都是始于一个愿景，这个愿景通常是由创始人制定的，并在实践中不断完善。企业愿景，就是黑夜之中的北极星，引导企业坚定不移地朝向正确方位前行。正确的愿景代表着一家企业的价值观与信念，它可以帮助企业赢取有着相同价值观的合作伙伴以及客户。

沃德精英商学院就是一个提供不断学习和持续成长的平台。在这里，一大批志同道合的企业家和领导者们一起学习，一起成长。借助悉尼大学、哈佛大学、斯坦福大学、耶鲁大学、西点军校和宾夕法尼亚大学等世界顶级的教育机构，沃德精英商学院为未来的企业领导人赋能，提升他们的思维格局和底层能力，从而实现企业的可持续发展。

我们知道，一根竹子很容易被折断，然而一捆竹子就很难被折断。因为，一捆竹子就像一个团队，有了凝聚力所以坚不可摧。所以，一个企业、一个团队如果没有愿景的支撑是不可能长久的。愿景具有启发性，不仅启发自己，同时还启发身边的人。愿景让我们的内心充满力量，以深深的热爱，追求更美好的未来。

假如愿景无法实现，那么这样的愿景只是水中花、镜中月罢了，如何才能让愿景变成现实呢？我们在此提出一个概念，就是要施行"有效的领导"。

如何界定"有效的领导"？有效的领导就是要把团队的视野提到更高的境界，把工作提到更高的标准，锤炼团队的作风与品格，使之超越局限。如此，才能把团队的潜力、持续的创新动力开发出来，让团队取得以前想都不敢想的成就。在实现愿景的道路上，学习和应用领导力，是每一个未来的领导者都必须要掌握的核心能力。

第二章　从"我"到"我们"

把"我"变成"我们",然后"我们"大家一起干。"百智之首,知人为上;百谋之尊,知时为先;预知成败,功业可立。"这是成大事者的金科玉律。

有人说,我们不缺孤身奋进的精英,缺的是协同作战、有战斗力的团队。迈克尔·乔丹有句名言:一名伟大的球星,最突出的能力就是让周围的队友变得更好。单打独斗的时代已经过去,个人英雄已退居时代幕后。要想在当今时代获得成功,就必须依靠团队的力量,依靠他人的协作,才能所向披靡。

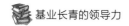

第一节　在组织中成就卓越

夫英雄者,胸怀大志,腹有良谋,有包藏宇宙之机,吞吐天地之志也。这番话说的正是成大事者的统率能力。它包括以下几个方面:

1. 统率全局的战略头脑

古今中外杰出的领导者,都是伟大的谋略家。他们不但具有战略头脑,还具有开阔的视野以及运筹帷幄的能力。要成大事,必须具有统率全局的战略头脑,才能做到客观地把握事物发展的规律,做出正确的决策。

2. 多谋善断的决策能力

一个成功者的决策水平高低,取决于自身的素质和修养。为了提高决策水平,就要克服因循守旧、墨守成规的思想;不仅要有渊博的知识,掌握哲学、经济学、管理学等学科的基本原理,更要不断与时俱进,时刻关注最前沿的业界动态,吸纳百家之长为我所用。

3. 善于慧眼识英才

在市场经济盛行的今天,"知识就是金钱"的观念已深入人心。拥有知识的人才,自然也就成了无价之宝。因此,成大事者一定要爱才如命、求贤若渴,要有尊重人才的习惯,为人才成长创造充分的空间。同时,各级领导者要能够慧眼识英才,才能使自己得到精兵强将,从而实现更大的发展。中国有句俗语,"一个篱笆三根桩,一个好汉三个帮"。大凡成就事业的人,都需要一大批优秀人才的拥护和配合,共同努力,来成就一番大业。

4. 心胸坦荡,海纳人才

人们常说:"宰相肚里好撑船。"成大事者必须学会宽容,要有博大的心胸与气度来海纳百川。

5. 决胜千里的指挥能力

成大事者还必须具备优秀的组织指挥能力。所谓组织指挥能力是指为了实现预定目标,对被管理的客体实行有效组织和调度的能力。

沃德精英商学院的创始人曾经说过:"带领团队工作 28 年来,特别是最近 15 年来,通过不断学习领导力、实践领导力、讲授领导力,使我不断成长,热情不减,激情满满。"

第二节 学会分享

在团队中要学会分享、懂得分享和倡导分享。在不断的分享中,团

队的每个成员都在收获，都在进步，团队的整体效益将大大提升。这是独占和独享者无法体会到的成功与快乐。

生活中，总是有那么一些人，自己得不到的东西也总是不想让别人得到。或是自己得到的东西，害怕别人也得到。殊不知，怕别人得到好处的人，自己最终也不会得到好处。因为有这种思想的人，肯定是一个不懂得分享，不懂得合作，不懂得交流的人。那么他又怎能得到别人的分享与合作呢？

有这么一则寓言故事：

梭子鱼、虾和天鹅不知什么时候成了好朋友，一天，它们同时发现一辆车，车上有许多好吃的东西。于是它们就想把车子从路上拖下来，但是这三个家伙在拖的时候，都想着怎么拉到自己的巢穴里去。于是天鹅使劲往天上提，虾一步步向后倒拖，梭子鱼则朝着池塘拉去。可是，即使这三种动物一齐铆足了狠劲，使出了浑身的力气，拖呀、拉呀、提呀，小车还是在老地方，一步也不动。

可见，一个怕别人得到好处的人，是永远得不到好处的。在一个企业里也一样，如果各自为政，互相牵制，同样也不可能形成一股合力，更无法把自己完全融入团队之中，也难以凭借团队的力量，去完成自己不能单独完成的任务。

让我们再来看看下面这个故事。

一次，有一家跨国公司招聘中层管理人员，9名优秀应聘者经过初试，从上百人中脱颖而出，闯进了由公司老板亲自把关的复试。

老板看过这9个人的详细资料和初试成绩后，相当满意。但是，此次招聘最后只能录取3个人。老板给大家出了最后一道题。

老板把这9个人随机分成一、二、三组，指定第一组的3个人去调查本市妇女用品市场，第二组的3个人调查婴儿用品市场，第三组的3个人调查老年人用品市场。

老板解释说："我们录取的人是负责开发市场的，所以，你们必须对市场有敏锐的观察力；让大家调查这些行业，是想看看大家对一个新行业的适应能力。每个小组的成员务必全力以赴！不过，为避免大家盲目开展调查，我已经安排秘书准备了一份相关行业的资料，你们走的时候自己到秘书那里去取。"

第三天，9个人都把自己的市场分析报告送到了老板那里。

老板看完后，站起身来，走向第三组的3个人，与之一一握手，并祝贺道："恭喜三位，你们已经被本公司录取了！"然后，老板看见大家疑惑的表情，解释道："请大家打开我让秘书给你们的资料，互相看看。"原来，每一份资料都是不一样的。只有综合每一组三个人的资料才能得到最完整的资料。

第一组和第二组的3个人为了各自能被顺利录取，都不愿意将自己的资料借给他人参考。结果，他们所写的报告均不全面。而第三组的那3个人呢，却特别聪明，通过互相借用资料，补全了自己的分析报告，结果都被老板录用了。

最后该公司的老板说："我出这样一个题目，其实最主要的目的是想看看大家的团队合作意识。前两个小组失败的原因在于，他们没有合作，不懂得分享，忽视了队友的存在！具有团队精神的人才是我们公司急需的！要知道，团队精神才是现代企业成功的保障！"

可见，把好处分享给别人，自己也会得到好处。如果害怕别人得到好处，那么，自己也难以得到好处。因为，分享也是一门关于"舍"与"得"的艺术，有舍就有得。

然而遗憾的是，现代社会里，许多人忽略了分享的作用。他们好大喜功，认为自己"天下第一"，无需别人的帮助；在工作中喜欢独自一人逞强蛮干，从不知和其他同事沟通交流。

其实，这种认识是极其片面的。当一名员工在工作中表现出自负和自傲时，他的工作就会遇到重重障碍。这样的结果是老板最不愿看到的。当然，这对他自己也是有百害而无一利。

世界是一个普遍联系的统一整体，没有谁能独自生存。大自然中还存在一种奇特的共生关系。这种关系就好比"犀牛与犀鸟"，虽然是两种不同类型的动物，可它们之间却是谁也离不开谁。

提起犀牛的威力，据说三四只狮子也敌不过一只犀牛。因为它的皮坚硬如铁，而且它那碗口般粗的长角，任何猛兽被它一顶都要完蛋。难怪犀牛在发性子的时候，连大象也要远远躲开。可是，犀牛皮肤的皱褶之间，却非常娇嫩，常被体外寄生虫和吸血昆虫侵袭和刺蜇。犀牛除了往身上涂泥防治害虫外，就得依靠犀鸟的帮助了！因为犀鸟停在犀牛背上，可以啄食那些体外寄生虫，作为它们的主要食料。

这种合作关系，生物学家称其为共生。也就是两种不同生物，围集在一处谋生，互得利益，互不相扰。除此以外，犀鸟对犀牛还有一种特别贡献，就是它会及时地向自己的伙伴"拉警报"。原来犀牛的嗅觉和听觉虽灵，但是视觉却非常不好，若有敌人悄悄地逆风偷袭而来，那它是察觉不到的，遇到这种情况，犀鸟就会飞上飞下，忙个不停，以此引起朋友的注意。

由此可见，犀牛与犀鸟是多么聪明的一对！它们都各有缺点，却知道如何借助他人的力量，利用他人的特长，取长补短，从而各取所需，达到双赢的目的。

第三节　读懂团队的框架

保罗·盖蒂说："我宁可用100个人每人1%的努力来获得成功，也不要用我一个人100%的努力来获得成功。"

我们反复讲了团队合作的力量，也一直强调团队成员间优势互补的重要性。但是，不管一个什么样的团队，它的组成结构总是会如一座"金字塔"一样：有巅峰上的领袖，有半山腰上的精英，更有底部的普通员工。如果用"1"来代表一个团队中的领头人，用"2"来代表团队中的精英，用"3"来代表团队中的广大成员，那么，我们就可以清晰地看清这三者之间的关系，也可以更好地理解"时代需要精英，精英需要团队"的道理。

1."1"——团队中的领头人

他是团队中必不可少的人物。管理学界有一个著名的管理寓言：一头狮子带领一群羊能够打败一只羊领导的一群狮子。这个道理人人都明白，一家公司或一个团队在初创时期，如果没有一个英明卓越的领导者，即使手下的精英成群，员工众多，也只可能是一群没有战斗力的绵羊。任何初创时期的企业都离不开一个高明的领导者。比如微软的比尔·盖茨、海尔的张瑞敏、IBM的沃森、联想的柳传志等。这些

初创人的思想深深地影响了公司的发展。

在公司初创时期,创始人是公司的灵魂,其个人魅力对公司品牌的建立,对吸引人才,都会起到很大的作用。

2."2"——团队中的精英

这是团队业绩的保证,是团队的中坚力量。有人说,在一个团队中,20%的精英能产生80%的业绩。任何一个企业领导都会把"是否拥有优秀人才"作为企业发展成败的最关键因素。毛泽东同志曾经说过:"政治路线确定之后,干部就是决定的因素。"这里的干部我们就可以引申为团队之中的精英。

精英是什么?简而言之,就是好中之好,是最精华、精锐的部分。革命时代需要精英,和平年代的企业发展一样需要精英,需要掌握专业知识、有管理水平、能够给企业带来飞速发展的人物。

长虹集团的董事长倪润峰认为,在企业弱小的时候,需要关羽、张飞这样勇猛善斗的英雄打天下,以谋求强盛之道;对于已具规模的企业来说,再也没有比吸引一大批优秀人才更值得高兴的事。

因为,精英是团队的骨干和中坚力量,也是团队中英雄式的人物。团队的发展离不开这些英雄式的人物,团队的稳定也离不开这些人物的团结。正所谓"团队需要精英,精英需要团队"。然而,在一个团队中,不管什么样的精英人物都必须服从于团队利益。否则,势必会影响团队的整体战斗力。

根据团队利益至上的原则,个人利益必须永远服从于团队利益,必须在维护团队利益的前提下,发扬个人英雄主义。过分压制个人英雄主义的发扬，团队就会缺乏创新力，跟不上市场形势的发展；过分强调个人英雄主义，就会导致团队成员之间缺乏合作精神，各自为政，目标各异，个人利益就会占据上风，团队利益就会被淡化，整个队伍很可能成为一盘散沙，不堪一击。

3. "3"——广大的团队成员

广大的团队成员，是构成一个团队的基础。由于他们长期处在团队中的下层，其业绩往往容易被团队上层所忽视。其实这些员工的力量绝不容小看。企业若要长期发展，基层员工的总体贡献是精英分子所无法替代的。可以说，业绩的突破在于团队的精英，但稳定的发展却取决于这些广大的团队成员。

归根结底，领头人也好，精英也好，普通团队成员也好，要想使一个团队发挥最大的战斗力，都离不开团队精神。我们有必要来了解一下团队精神的三大支柱：

（1）真诚的信任

信任意味着一种凝聚力的产生，高效的团队成员必须学会彼此欣赏、信任，要勇于承认自己的错误、弱点，还要乐于认可别人的长处。

理论上，这并不是很困难。但当一个管理者面对着一群有成就的、骄傲的员工时，让他们解除戒备、彼此坦诚相待，是一个极其困难的挑战。而唯一能够发动他们的办法，就是领导者本人率先做出榜样。

团队领导如何赢得成员的信任呢？威尔逊和乔治在《团队领导生存手册》中指出，要建立团队内的信任，团队领导应该做好以下 9 点：

1）必须知道自己所做的事是否对建立团队内部的信任有意义；

2）能识别同伴间的不信任以及清楚不信任对团队的不良影响；

3）要知道如何避免信任陷阱，如随便猜疑别人、掩饰自己、不守承诺、混淆信息等；

4）在陷入信任陷阱时，有自己信任和尊重的人来提醒自己；

5）坦率表达自己的看法；

6）善于倾听别人的谈话；

7）适当的时候，承认自己不全知道所有的解决办法；

8）让别人提供反馈意见，同时要对他们的意见做出合理的、恰当的反馈；

9）要告诉别人，你是非常信任他们的。

（2）冲突管理

对于一个团队来说，最大的危机莫过于冲突的发生。当然，团队中的冲突是不可避免的，能否处理好冲突决定着团队的团结性和发展。

高明的领导者能够认识到，这些冲突所带来的潜在影响并能找到解决的方法。他们能够分得清什么是"破坏性冲突"和什么是"建设性冲突"。所谓建设性冲突实际上是一种良性冲突，一般来说，凡双方目的一致、手段或途径不同而造成的冲突，大多属于良性冲突。这类冲突对于实现企业目标是有利的；而破坏性冲突往往是由于双方目的不一致造成的。

管理者和他的团队需要做的，就是要学会识别虚假的和谐，引导和鼓励适当的、建设性的冲突。我们要引导以价值和愿景为方向，纪律为原则，目标为动力，求同存异，在解决问题的过程中建立起强大的团队精神。

解决冲突是领导者面临的一项挑战。管理大师福列特提出，冲突与差异是客观存在的，这是观点或利益差异化的表现。既然这一点不能避免，那么，我们应该思考对其加以利用，让它为我们工作，而非对它进行批判。

对冲突的正确解决办法就是在认同双方利益的基础上，促使双方站在对方的立场上去理解对方的问题，同时寻求双方都可接受的答案。冲突管理的最终结果并不是"胜利"也不是"妥协"，而是利益的整合。

吉姆·柯林斯在《从优秀到卓越》一书中强调"刺猬理念"，就是跳开分析冲突双方对错的原因，使双方卸下固守的自我，不再纠结，以核心价值和目标为引导，着眼于长远目标，共同创造辉煌。

（3）坚定不移地执行

团队精神的培育不是一句口号，一个形式，而是一项大工程。要把这一重大工程发展建设好，就必须坚定不移地坚持下去，而不能半途而废，无果而终。要打造一个具有凝聚力的团队，管理者必须在信息、意见上做出决策，并一以贯之地实施下去。

企业的本质说到底就是领导者按市场需求预设一个目标，然后组织人员对此目标予以坚决的执行。更简约地说，企业的本质就是执行。显然，在"目标——执行——结果"这一企业基本流程中，目标的制定是高层在"很久很久以前"就敲定的事；结果的好坏，也是一个企业在"很久很久以后"才能显示出来的；而企业在一年365天里的常态，却是所有员工在自己的岗位上为着企业目标不断奔忙、不断努力完成任务的一个过程。这才是企业生生不息的原因。所以一个企业实质上就是

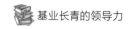
基业长青的领导力

一个执行团队。

由此可知,企业失败通常由两种原因导致:一是目标(战略)制定错误;二是执行不力——从领导者、中层干部到基层每位员工,他们无时无刻不是处在一种"执行过程"中,那么他们执行的绩效,显然决定着企业的命运——具体而言,他们在执行中体现出的态度、能力、效率、理念、品质、应变等因素的优劣,都将成为企业命运真正的决定性力量。这就是执行力。

没有执行力就没有竞争力。曾经国内一家企业破产,被某集团收购。厂里的人都翘首盼望着新管理方能带来让人耳目一新的管理办法。出人意料的是,新管理方的人来了,却什么都没有变。制度没变,人没变,机器设备没变。新管理方就提出一个要求:把先前制定的制度坚定不移地执行下去。结果不到一年,企业扭亏为盈。新管理方的绝招是什么?执行,无条件地执行。他们的聪明在于,他们排除了所有羁绊,一针见血地抓住了企业的本质。

第四节 企业真正的核心竞争力

1990年,美国管理专家C.K.普拉哈拉德(C.K.Prahalad)和加里·哈梅尔(Gary Hamel)提出了"核心竞争力"这一具有革命性的理念——企业的核心竞争力就是企业能够超越其他竞争对手的独特能力。

我们可以看到,在中国的市场竞争中,有的企业昙花一现,悄然逝去;有的企业由盛而衰,苦苦挣扎;而有的企业却日益壮大、长盛不衰,为什么呢?答案只有一个:因为那些成功的企业都建立了持久的核心竞争力。可是，到底什么是企业的核心竞争力呢？有人说核心技术是企业的核心竞争力，有人说是人才，有人说是创新，有人说是品牌，有人说是管理，有人说是服务，还有人说是知识产权。

著名经济学家张维迎教授认为，企业的核心竞争力有五大特征：偷不去、买不来、拆不开、带不走、流不掉。如此一来，我们会立刻发现：技术可以买到，人才可以招募，品牌可以创造，管理可以学习，服务可以克隆，知识产权可以购买，有人才就可以创新，所以这些都不是一个企业真正的核心竞争力。

我们先来看看这个故事：

一次，福特汽车公司的一台电机坏了，公司所有的技术人员都束手无策，于是只好请来了在一家小公司就职的德国籍电机专家斯坦门茨。他经过研究和计算，用粉笔在电机上画了一条线，说："打开电机，把画线处的线圈减去16圈。"照此做后，电机果然恢复正常了。福特公司问需要多少酬金，他说要1万美元，人们惊呆了——画一条线竟要这么高的价！然而，他却坦然地说："画一条线值1美元，知道在什么地方画线值9999美元。"亨利·福特对斯坦门茨赞赏有加，一定要请他到福特公司工作，但斯坦门茨说："我所在的公司虽小，但是老板却对我非常好，是他给了我来美国的第一份工作，我不能见利忘义。"

福特更加钦佩斯坦门茨的人品，用3000万美元买下他所在的公司。福特终于得到了他想要的人才。

通过这个故事，我们可以明白，人才、技术、品牌都可以被金钱买走，

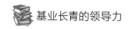

但是，有钱是否就可以买到一切呢？显然不是，一个企业的生存和发展，甚至一个国家的生存和发展都需要一种精神力量。这种精神力量的首要表现就是凝聚力，也就是团队精神。这才是一个企业真正的核心竞争力。

战国时，秦王问一个大臣："秦国人比齐国人怎么样？"大臣说："一个人和一个人比，秦国人不如齐国人；一国人比一国人，齐国人不如秦国人。"最后，秦国战胜了实力雄厚的齐国，靠的就是军队的团队作战能力。

20世纪六七十年代中期，日本经济迅猛发展，日本企业的国际竞争力居世界前列，产品在欧美市场攻城拔寨，势不可挡。到了80年代，竟然出现了日本购买美国之说。财大气粗的美国，为什么在日本产品进攻的面前节节败退呢？美国的专家认真研究后得出结论：假如日本最优秀的员工与欧美最优秀的员工做一对一的对抗，日本员工多半不能取胜。但如果以班组或部门为单位比赛，日本总是能占上风。日本虽然土地狭小，物少人多，资源匮乏，但是日本的员工对企业有一种强烈的归属感，他们全身心投入企业的业务上，能够紧紧地凝聚在一起，抱成团。这一点正是欧美企业的员工很难做到的。欧美盛行个人主义、个人奋斗，很难形成有如日本那样的团队竞争力，而日本人则强调团队的力量和团队精神，同事之间精诚合作，共同维护团体利益，当企业遇到困难时，大家抱成一团，同舟共济。日本的松下集团曾经发生大面积亏损，当时的总裁松下幸之助卧病在床。当时，公司的各级领导决定"生产减半，工人减半"。松下看完决议后亲自批复：生产即日减半，工人一个不能解雇，公司实施半日工作制。对此，员工们深受感动，于是更加卖力工作，义务加班加点，拼命推销产品，短短几个月，产品库存销售一空，松下公司很快摆脱了困境。

日本企业的成功秘诀就是因为他们意识到：单打独斗的时代已经过去，仅仅提高员工的个人能力而没有有效的团队合作和生生不息的团队精神，在竞争日益加剧的今天已经难以立足了。团队精神才是一个企业真正的核心竞争力。

第五节　"我"诚可贵，"我们"价更高

从1995年大学毕业到现在，笔者一直在从事管理工作，刚开始是管理几人到十几人的小公司，虽然抓住了计算机发展最好的时代，选择对了与微软和戴尔等世界顶尖软件和硬件公司合作，但是，由于自己年轻缺乏管理经验，导致创业的四家公司先后走向了没落。

尽管创业屡次失败，但当看到著名经济学家保罗·皮尔泽的著作《财富第五波》后，笔者深受启发，开始投入大健康行业的创业。转眼15年时间，笔者终于在这个行业建立起成功的企业和团队。回头看看，获得成功的原因就是自己能在跌倒后再爬起来，持续不断学习，不断提升自我的领导力和管理水平。

在个人的成长历程中，笔者认识到，一个人要放大自己的成就必须经历从"我"到"我们"的蜕变。每个人的时间和精力都是有限的，单凭个人的力量要创造更大的价值是不现实的，只有通过不断提升自己的管理和领导力水平，将更多的人形成一个高度协作、有共识的、有战斗力的团队，才能获得更大的成就。

因此，从"我"到"我们"可以让个人成就实现质的飞跃。每个人都希望成功，都希望获得时间自由和财务自由，但成功者不到5%，之所以绝大部分人都是平凡的，是因为绝大部分人都是基于"我"的思维模式在经营自己的人生。从小我们接受的教育模式都是在不断强化和提升个人的知识和技能水平，围绕的是"我"的层面，其指导思想就是培养出更多优秀的技能型人才。而大多数事业的成功依靠的是"我们"，也就是需要拥有凝聚大众、统领全局的能力。从这个方面来说，从"我"到"我们"的思维转变成为个人成就的分水岭。

当我们需要将个人价值放大，就必须拥有凝聚众人的能力。只有这样，才能倍增个人的时间和能力。而每个人的性格、能力却都是千差万别的，所以管人的工作是最有挑战性的。

人是群居动物，是生活、工作在群体之中的。在整个人类的历史长河里，人们依靠着不断学习掌握共同协作的技能，社会才不断进步和发展。在当今日新月异的现代化社会里，要想依靠个人力量创造更大的价值是非常困难的，只有依靠提升个人领导力水平，将大家共同协作起来才能取得更大的成就。

众所周知，人首先是以个体的形式存在于团队之中的，每个人都有自己的价值追求。但个人在企业中的价值实现，必须与团队的价值追求和理想信念一致。

《西游记》中的孙悟空是妇孺皆知的人物。他从一个猢狲转变成为斗战胜佛，可以说是一个由"我"失败后转向"我们"、最终实现个人价值的经典案例。试想一下，如果孙悟空没有加入唐僧的取经团队之中，他或许仍只是一个单打独斗的"我"，绝不能成就一项伟大的

第二章 从"我"到"我们"

事业。

在一个优秀的团队中,肯定会有不少充满激情、充满斗志、技术优良的人才,但如果不把自己的价值目标同团队追求的价值相结合,而是处处以个人的是非曲直判断标准行事,那就只能回到"我"的理想中的"花果山",从而丧失在"我们"中"成佛"的机会。

当然,一个团队中如果没有孙悟空式的精英人物也是不行的。正所谓"时代需要精英,精英需要团队"。团队与精英应当是相互融合的,个人的价值目标也必须与团队的价值追求一致。因为没有团队这个平台,即使个人有过硬的技术本领、有热情、有抱负,也只能感慨"英雄无用武之地",都将是"自古英雄空余恨"。

孙悟空是神通广大的齐天大圣,上天宫、下地府、搅东海,本领不可谓不大;有激情,敢想敢干,尽管在五行山下压了五百年,也没有使他的本性有所改变。菩萨只得给他戴上那个让他无限懊恼的紧箍咒,但后来孙悟空取经成佛后,紧箍咒就自然消失了。为什么?因为在取经的道路上,他不断以团队的意志约束自己,当自己的行为超越团队信念的时候,就有"紧箍咒"的惩罚。不知不觉,孙悟空已经实现了从"我"到了"我们"的转变,其取经的过程实际上是一个"回归团队"的心路历程,"紧箍咒"实际上是由团队价值观衍生出的规章制度。

只要我们拥有业界优秀的人才,拥有一支精诚合作的团队,就能把企业有限的资源进行有效的配置,并使之实现系统的最优化、效益的最大化。否则,一切的战略目标都会落空。

不容置疑的是,起初从单一的个体要去影响别人非常困难,这时需要用自己的激情和坚定的信念去打动周围最熟悉、信任你的人。符合

基业长青的领导力

未来趋势的事业刚开始时总是会遇到很多人反对，而优秀的领导者总是能比普通人更早地洞悉未来，能够坚持自己的观点并带领跟随者走向成功的彼岸。例如，阿里巴巴的创始人马云在创业初期坚信电子商务的未来，并成功影响了十八个人无条件地支持他，这十八罗汉逐渐形成核心团队，阿里巴巴也最终成长为商业帝国。我们无法轻而易举地改变别人，但是我们可以坚持自己的选择，不断坚持寻找总能找到志同道合的人。始终如一地坚持做一件符合未来趋势的事情，是事业成功的基本保证。

当初期团队建立起来之后，下一步就是要扩大团队，也就是我们需要把团队从几人变为几十人到上百人。这时候光靠个人能力和坚持就不行了。这时管理就变得非常重要，我们要善于识人用人，培养核心骨干，建立高效运转的团队构架。团队良好的运转不但需要团队成员协调一致，形成一股合力，更为重要的是要发挥领导者的角色，善于指挥，把合适的人安排在合适的岗位上，让合适的人去做合适的事。如果凡事都要靠自己，累死了也解决不了问题。伟大的经理人不是凡事都自己做，而是善于指挥和激励别人去做。

这里需要特别给大家提醒的是"欲取先予"和"二八定律"的思路。想要夺取它，必须暂时舍弃它。得人心者得天下，若想有更大的成就一定要留下最关键的人才。作为一名优秀领导者，要做的事情就是把核心人才当作自己的孩子一样来对待和培养，真正的领袖是培养领导者的领导者。要把80%的时间用在20%的有未来领导潜质的人才身上，这样才能做到事半功倍。

随着团队的不断壮大，事业的蒸蒸日上，我们还想更上一层楼，期望带领千军万马去创造更大的奇迹。作为一名领导者，必须要做到时时刻刻都有紧迫感和危机感，永远不能贪图安逸，要不断设立更远大的目标。团队伙伴有成绩要高声褒扬，尽量弱化自己的功绩，把功劳归于团队，但又要不断树立新的目标不断进取，这样才能最终到达成功的彼岸。

随着团队人数的增多，最令管理者头痛的问题往往并不是业绩，而是团队缺乏核心命题——团队文化。

在现代的企业管理中，人们提倡最多的就是"没有任何借口"。这一理念强化的是每一位团队成员都要想尽办法去完成任何一项任务，而不是为没有完成任务去寻找借口，哪怕有看似合理的借口。这一理念的核心是敬业、责任、服从、诚实。这一理念也是提升企业凝聚力，建设企业文化的最重要的准则。

优秀的文化是决定团队大小和成败的关键，作为千军万马的领导者，其主要任务之一就是团队的文化管理。优秀的团队文化是建立在领导者以身作则的基础上的，不是靠给大家讲如何去做，而是用自己的行动去阐述、去证明给大家看。榜样的力量是无穷的。优良的团队文化永远都提倡付出、团结、感恩、学习、进取、自律等价值观，这些都需要领导者以身作则，引领伙伴共同进步。拥有积极的文化和积极的价值观的团队才具备强大的战斗力，才能真正发展壮大。

第六节　铸造"我们"的团队精神

"团队精神"对任何组织来说都是无比重要的，有人也许会问：为

什么非要有"团队精神"呢？

我们来看看下面这个最简单的例子：

在一次学习中，学员们做了一场游戏，游戏的规则是：学员们分成四组，每组十人，这十个人背对着背、手挽着手、肩靠着肩围成一个大圆圈，一起坐在地上，然后要求这十个人一起站起来。游戏开始了，四组人便开始各自找方法。时间一分一分地过去，有的组试了一次又一次，也用了各种方法，比如力气大的挨着力气小的，每个人脚挨着脚，等等。但不管用什么方法，最终都有几个人站不起来。当指挥喊"停"后，问哪个队做到了，只有一个队大声喊："我们做到了！"并当场演示给大家看。原来这一组人在要站起来的时刻，队中的每一个成员都付出了百分之百的力气给对方，他们把所有的力气汇聚在一起，动作整齐划一，组成一股强大的力量，最终支撑他们一起站立了起来。

这就是"团队精神"，为了集体的利益，每个人都需要付出百分之百的努力，并将它们汇聚在一起，形成一股强大的力量。

失败的那几组，失败的原因就是他们当中存在着没有百分之百付出的人，这些人总希望靠别人的力量把他带起来，不想费劲，可他却不曾想过，他的这一点点自私就会导致整个团队走向失败。

雁群中不会有那种自私自利的成员，因为每一只大雁都深刻懂得这样一个道理：一只大雁是不可能单独飞往南方的，只有依靠团队的力量，才能实现自己的目标。

我们都希望辛苦多年建立的事业和团队能长久良性发展，成就百年基业。这就需要我们一定要赋予团队一个真实且有力的愿景，让每位伙伴具备使命感并能为之奋斗终生。任何一个经得起时间考验的团队、组织、政党都会有一个愿景，能让所有参与者世代追随。愿景代表了人们对一种美好未来的期许，人们能为之长久不懈努力。可以说，用美好愿景来引领，用优秀文化来引导的团队是基业长青的基础，也是让我们从"小我"走向到"大我"的终极法宝。

从"我"到"我们"应该贯穿在个人成长的整个过程中，它不断激励着我们提升自我、发挥更大价值。

领导力不是天生的，没有哪个人天生就打算成为一个领导者，他们也是从"我"到"我们"一路走来。

领导力也不仅仅是在领导岗位才起作用，实际上每个人在不同环境中都能展现出个人领导力的作用。环境造就人，当然这里面也包括领导能力。曾经有一个伙伴，缺乏自信，语言表达能力弱，但他积极参与团队各种事务，尤其在市场开拓和团队建设中，认真学习，勇于承担，慢慢地，他的影响力、自信心都快速提升，逐渐成为一个出色的领导者。即使是在一个条件艰苦的市场，他都能得心应手，建立了稳定的团队，取得了不错的业绩，这些都是他领导力提升的结果。

在事业初期，太计较个人得失，太注重个人利益，是很多人无法形成领导力的原因。而真正具备领导力的人可以很容易跳出一人、一事的层面，用一种整体化的思路去思考问题。这意味着我们在关心满足自我需求的同时，也要对自己与他人的关系给予更多的重视，试图在不断沟通中寻求更加有效的解决方案。具备优越条件比如人脉资源、个人能力、表达能力和个人魅力的人，可有助于事业加速，但如果陷入"个人感受"的泥潭里，无法做到角色转换，同样的优势又会成为劣势。

在工作中给予是很重要的，给予对方所期望得到的帮助与信任是建

 基业长青的领导力

立互信和扩大个人影响力的重要方式。

上级最希望下级圆满完成自己交办的工作任务;同级最希望互相之间建立起一种携手并进的融洽关系;而下级最希望获得的是上级的"信任",困难时刻的有力支持,受到挫折时的热情鼓励,以及取得成绩后的及时奖励。

企业和组织中,仅仅是领导者或某个成员有团队精神是不够的。好的领导者同时也是一个好的教练员,能在团队成员之间建立信任感,鼓励成员的每一次成长,打造他们工作中的配合意识和团队合作意识。

第七节　在愿景中看到更好的自己

"利他"是一种人生境界,更是一种高超的领导艺术。在开始创业的头几年,笔者也曾遇到过一些优秀的有领导潜质的人。但因为"我"的思维,过于关注自己的立场、利益和个人感受,而忽略了"我们"的感受,从而无法获得更大的发展。

真正的领导者,是不图自己的私利和功名的,是用真心默默付出和奉献的,既无分别之心,也并不急于表现和邀功。工作中经常听人抱怨团队的各种问题,这与其说是这些抱怨者的心态有问题,不如说是领导力出了问题,只有真正的领导者,才能影响身边人实现从"我"到"我们"的转化。

但人往往都有自私的一面,遇到情况总是先考虑自己的利益。如何实现从"我"到"我们"的转变,这是人生中一个巨大的挑战,如何克服人性中的这个弱点,迈向成功呢?我们可以从以下几个方面做起:

1. 借助一个合作双赢的平台，实现从"我"到"我们"的跨越

未来很多公司和传统组织都将消失，各种垂直的平台将诞生。大量自由职业兴起。组织结构从公司＋员工，变成平台＋个人。如何选择一个能实现合作双赢的平台，是对创业者的一个重大考验。

2. 快速成长，让自己变得有本事，然后帮助更多人，实现从"我"到"我们"的转变

未来一个人有本事还不够，还必须连接周围的人，让我们一起变成有本事的人，去共同打造一个属于我们的未来。

愿意吃亏，吃亏是建立信任的基础。吃亏的人最后往往不会吃亏，不想吃亏的人往往要吃大亏。

3. 有一个共同的愿景

懂得引导别人，善于"推销"愿景，是实现从"我"到"我们"的转变的一个良策。只有我们之间有一个共同的、明确的、长远的愿景，这种合作才会坚固，尤其在互联网时代，愿景显得格外重要！

时代需要从"我"到"我们"的转变，能从"我"转变到"我们"的一定是时代的赢家！很长一个历史时期，我们的祖辈都生活在一个非常有序的农耕社会。在农耕社会里，人们所做的就是循着先祖们的道路，按他们所总结出来的道理行事。没有太多变迁，一切都井然有序。"清明"插秧，"芒种"播种，一切活动都按照时节而行。春种秋收，日出而作，日落而息，如此循环往复，千载不变。但是，人类社会进

入工业文明后,开始步入了快车道,并越来越有加速趋势。如今我们进入了 VUCA 时代。什么是 VUCA 时代呢？它指的是一个充满易变性（Volatility）、不确定性（Uncertainty）、复杂性（Complexity）以及模糊性（Ambiguity）的时代。

（1）挑战 VUCA 时代，为每一个人定位，从不同角度来发掘每个人的潜力

笔者从一开始就把团队能力提升作为目标，首先让每一个人的思维进行转变，为每一个人进行适当的定位，从不同角度来发掘每个人的潜力。让团队成员认可自己的能力，坚信"我能"，去实践自己的目标；排除一切干扰，不轻易被外界所左右。经过几个月后，团队的激情就被完全点燃了，每一个团队伙伴都肯定了自我，并通过不断学习积累了专业知识。在整个人才培育过程中，我们还建立了人才梯队，让每个人都成长起来，促进团队的发展。

（2）团队文化没有固定的模式，培养教育是关键

无论哪种模式，只要是适合这个团队的，符合所处大环境的，就是一种好的模式。领导者的思维方式和格局也决定了这个团队能走多远，一个团队领导者的做事风格往往也决定了这个团队的风格。在这种情况下，如何把领导者的思维和能力复制到团队中的每一个人就显得很重要了，这也是领导力艺术的体现。但能力的迁移需要很长一个过程，这个过程也是让人脱胎换骨的一个过程，而其转换过程必然很痛苦。这其中培养教育是关键。反过来，优秀的团队文化又会促进个人能力的提升。

（3）在 VUCA 时代，要养成有计划做事的习惯

《礼记·中庸》有云："凡事预则立，不预则废。"这说的是做事一定要有计划。

众所周知，要想获得成功，我们就必须要有目标。然而有了目标以后怎样去实施（制订计划）也是非常重要的，这直接关系到我们的目标是否能够完成。

在我们每个人的生活中，每一天都有着各种各样的琐事。工作、家庭、生活，每天都有着层出不穷的事情等着我们去处理。每天我们看起来都很忙，没有一点闲暇时间，但是晚上临睡前又总觉得今天还有很多事情没有做，明天接着又是忙碌而头疼的一天，这样无序而又忙碌的生活慢慢消磨了我们生活的激情，熄灭了我们昂扬的斗志，而要想改变这种状态只有通过制订计划和执行计划。

计划像一座桥梁，连接我们现在所处的位置和我们想要去的地方。同样的，计划是连接目标与目标之间的桥梁，也是连接目标和行动的桥梁。如果没有计划，实现目标往往只能是一句空话。计划对于我们实现目标来说相当重要，没有计划的人生是杂乱无章的，看似忙碌却是无效的。

有一位寺庙的住持，因睿智著称，前来拜访的信徒络绎不绝。曾有一个企业的老板 A 君前来求解惑，他觉得自己非常勤奋，不管是做什么事情都很用心，每天从早到晚，忙碌不停。但是自己内心很挣扎，感觉自己每天忙来忙去不知道在忙些什么，心里疲惫不堪。

住持听了他的讲述，沉思了片刻，说道："我这里有一个化缘的钵，现在我拿红枣把它装满了。"

住持问 A 君："你还能拿更多的红枣往钵里放吗？"

"拿不了了，这钵眼看已经满了，再放红枣进去就该往外掉了。"

"哦，钵已经满了？如果我再放一些大米呢？"A 君沉默了。

他看着住持沿着红枣的缝隙把大米倒进钵里，一直放到大米都开始往外掉了才停。

A 君释然地说："钵确实还没有满。"

"那现在满了吗？"

"现在满了。"

"如果我们再加点水呢？"A 君又注视着住持拿了一瓢水往钵里倒，在少半瓢水倒进去之后，这次连缝隙都被填满了。

住持问 A 君："这次满了吗？"A 君看着钵满了，但却不敢回答，他不知道住持是不是还能放进去东西。

住持笑着说："我还可以试试加一勺白糖。"住持又把白糖化在水里，水一点儿都没溢出去。

A 君似有所悟。住持问他："能说说你的想法吗？"

A 君脱口便说："我知道了，这说明了时间只要挤挤总是会有的。"

住持却笑着摇了摇头，说："这并不是我想要告诉你的。"

接着住持又把钵里的那些东西倒回了盆里，腾出了一只空钵。住持缓缓地操作，边倒边说："刚才我们先放的是红枣，现在我们倒着来，看看会怎么样？"

住持先放了一勺白糖，再往里倒水，倒满之后，往钵里放大米的时候，水已经开始往外溢了，而当钵里装满了大米的时候，住持问 A 君："你看，现在钵里还能放得下红枣吗？"

住持停了一下,看着 A 君在沉思,然后接着讲:"如果你所做的事情如一只钵,当钵中全都是这些大米般细小的事情时,你的那些大红枣又怎么放得进去呢?"A 君这次才彻底明白了住持的用意。

A 君自言自语着:"如果所做的事情如一只钵,我怎样才能先将红枣装进这只钵当中呢?又该怎样区别红枣和大米呢?"

从此之后,A 君就再也不抱怨说时间不够了。他将自己要做的事情进行分类,并做出详细的计划,先从哪些事情做起,再做什么事情,一件一件规划得很清楚,至此他已经完全变了一个人,红光满面,终日灿烂。

A 君其实就是大千世界里无数个我们的化身,他所面临的问题就是我们自己所面临的问题。如果我们每个人都能很清楚地知道,自己平常所做的事情中哪些是红枣,哪些是大米,那么我们的生活就简单轻松了。每个人的时间、精力终归有限,就如同一个钵,总是会被装满。红枣如同矛盾的主要方面,我们要抓住重点才能办好事。问题又来了,如果生命是一只空钵,如何才能先放进去你的红枣呢?

其实只有四个字:制订计划。

但是,生活中还是有很多人对于制订计划不以为然。觉得未来不是现实,未来的事情往往很少能够确定。就算制订了计划,情况也总是会发生变化,那么制订计划又有什么用呢,不是白费力气吗?

这真是一种大错特错的想法。我们在制订计划的过程中会对将来做出一些初步的预测,分析哪些事情可能会发生,哪些事情可能会变化。在做出初步的预测后,制订出行动方案。这样一旦未来发生新的变化,就能从容对付。反之,如果没有计划,一旦情况发生变化,我们将措

手不及，结果必败无疑。

所以说，做事没计划，只能让我们在工作、学习、生活中处于被动的不利局面。故而，做事必须要有计划，这是一个人非常重要的工作习惯，甚至与我们人生的成功之路紧密相连。我们既要正确认识这一习惯的养成意义，另一方面也要在生活与学习中有意识地培养这种习惯。

那么如何制订计划呢？就是要根据事情的轻重、缓急、主次确定做事的次序，也就是钵中放红枣、大米、水和白糖的次序。

第一，我们需要明确自己的目标，根据目标初步制订计划。在制订计划的过程中，我们需要考虑在实现目标的过程中可能会出现的突发状况、紧急事件以及应对措施，做到"三思而后行"，避免出现捡了芝麻丢了西瓜的情况。

第二，将所有能想到的情况考虑清楚后，就要辨清事情的轻重缓急，分清主次，有条理地制订计划。考虑哪些事情先做哪些事情后做，有计划、有步骤、有条理地做事，善始善终不半途而废。

第三，在计划实施的过程中，如果出现了我们没有想到的突发状况，则需要临时调整计划，使得我们的计划始终围绕着预先设定的目标，不要偏航。

第四，从日常的细微事件着手，养成我们制订计划的好习惯。比如我们可以在做家务时规划一下如何做，怎么做，先做什么，后做什么，先从小事做起，培养自己制订计划的习惯。

当我们培养出制订计划的好习惯，将目标按照计划一步步细化、量化、分解、落实，那么我们也会改变自己杂乱无章的、看似很忙的生活状态，让我们的生活变得更加轻松有序，从而有更多的时间、精力来实现我们人生的伟大目标！

（4）面对VUCA时代，紧跟潮流，激发团队的能力，保持基业长青

在竞争激烈的VUCA时代，组织中的每个成员若想把工作做好，获得成功，首先就要有团队精神。要想方设法把自己尽快融入一个团队，了解并熟悉这个团队的文化和规章制度，接受并认同其价值观念，在团队中找到自己的位置并履行自己的职责。

一个人的胸怀有多大，他的事业就有多大。同样，一个只考虑自己的人，不会考虑别人，也肯定成就不了大业。这是因为一个只考虑自己的人，他想到的只是自己的一片天地，考虑的只是自己的得失，这种"自顾自"的行为，缺乏的就是团队意识和团队精神。

一车沙从大厦顶上倒下来，对地面的冲击不是太大，如果把一车凝固了的混凝土从大厦顶上倒下，其结果就大不一样了。这是由于一车沙是散的，而一车混凝土是整的。如果把一车沙和一车混凝土比作团队不同的状态，那么，其不同的效能也就显而易见了。

从"我"到"我们"的跃迁，就是彻底提升我们的思维格局，从而影响我们的一言一行，从小"我"转变为大"我"的过程。这同时也是领导力和影响力的内在表现。只有思维格局足够高，所有原来认为无法跨越的障碍也就不再是障碍了。

第三章　深度沟通的艺术

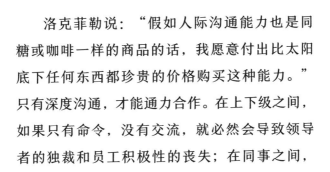

洛克菲勒说:"假如人际沟通能力也是同糖或咖啡一样的商品的话,我愿意付出比太阳底下任何东西都珍贵的价格购买这种能力。"只有深度沟通,才能通力合作。在上下级之间,如果只有命令,没有交流,就必然会导致领导者的独裁和员工积极性的丧失;在同事之间,如果彼此孤立隔阂,也只能导致人际关系的僵硬和冷漠。

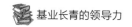基业长青的领导力

第一节　沟通是提升领导力的核心技能

现实中的团队合作特别容易因为意见分歧而分崩离析。这时，就特别需要领导者通过沟通来化解分歧，达成共识，促成合作。

曾经有一本管理类的畅销书——《公司船》，该书把公司比作一艘船，而把公司的员工比作船上的水手。要使"公司船"所向披靡，就必须依靠全体船员的齐心协力，才能使"公司船"顺利地到达成功的彼岸。其实，该书的主旨所讲的也就是我们一直所提倡的团队合作问题。

曾经有人采访比尔·盖茨成功的秘诀。比尔·盖茨说："我的秘诀很简单，就是吸引更多的成功人士为我工作。"著名成功学专家陈安之在谈到成功的秘诀时也说："先为成功的人工作，再与成功的人合作，最后是让成功的人为你工作。"可是，怎样才能与成功人士进行合作，怎样才能吸引成功人士为你工作呢？这时，就需要一把"沟通"的钥

匙去打开封闭之门，营造共同的愿景，使优秀的人才纷至沓来。

有这样一个小故事，有一把坚实的大锁挂在铁门上，一根铁杆费了九牛二虎之力，还是无法将它撬开。钥匙来了，它瘦小的身子钻进锁孔，只轻轻一转，那大锁就啪的一声打开了。铁杆奇怪地问：为什么我费了那么大力气也打不开，而你却轻而易举地就把它打开了呢？钥匙说：因为我最了解它的心。

现在很多企业内部也存在着这样的问题：企业人员流动过快，人才不容易留住，员工与企业间的矛盾日益加深。企业的决策者们也是花了很多力气去解决这个问题，但是在这个过程中，似乎一直都有一把无法打开的大锁横在中间，让人头疼。究其原因就是没有做到对症下药，没能去了解员工的"心"，没有好好地和员工进行沟通。

下面是一些知名企业的团队沟通技巧，管中窥豹，或许值得我们好好借鉴：

1. 讲故事的波音公司

波音公司在1994年以前遇到一些困难，总裁康迪上任后，经常邀请高级经理们到自己的家中共进晚餐，然后在屋外围着篝火讲述有关波音的故事。康迪请这些经理们把不好的故事写下来扔到火里烧掉，以此埋葬波音历史上的"阴暗"面，只保留那些振奋人心的故事，以此鼓舞士气。

2. 爱聊天的丰田总裁

奥田是丰田公司第一位非丰田家族成员的总裁，在长期的职业生涯

中，奥田赢得了公司内部许多人士的深深爱戴。他有1/3的时间在丰田城里度过，常常和公司里的工程师聊天，聊最近的工作，聊生活上的困难；另有1/3的时间用来走访5000名经销商，和他们聊业务，听取他们的意见。

3. 帮员工制订发展计划的爱立信

爱立信是一家"百年老店"，每年公司的员工都会有一次与人力资源经理或主管经理的个人面谈的时间，在上级的帮助下制订个人发展计划，以跟上公司业务发展形势，甚至超越公司的发展步伐。

4. 鼓励个性化发展的惠普

在惠普公司，总裁的办公室从来没有门，员工受到顶头上司的不公正待遇或看到公司发生问题时，可以直接提出。领导者尊重每个员工的个性和差异化。这种企业文化使得人与人相处时，彼此之间都能做到互相尊重，消除了对抗和内讧。

5. 动员员工参与决策的福特公司

福特公司每年都要制订一个全年的"员工参与计划"，动员员工参与企业管理。此举触发了职工对企业的感恩之情，员工投入感、合作性不断提高，合理化建议越来越多，使生产成本大大降低。

由此可见，沟通在团队合作中特别重要。要使团队合作避免分歧，就必须沟通、沟通、再沟通。因为沟通可以讲清利益分配问题，协调个人利益与团队利益之间的关系。经过沟通与讨论，人们更容易理解彼此的动作，更容易达成一致，并能将达成共识的东西坚持下去。

第二节　倾听，学习，贯彻到底

团队没有交流，就不可能达成共识；没有共识，就不可能协调一致，就不可能有默契，就不能发挥团队的绩效，也就失去了团队合作的基础。我们需要一个高效的团队，而高效的团队无不是经过有效的磨合形成的。

美国普林斯顿大学的一项调查表明，在500名被解雇的员工中，92%是因为沟通不良、工作绩效不佳而导致失业的。在企业管理中，70%的失误是由于沟通不良所造成的。由此可见，沟通在团队工作中的重要性。

曾经有这么一个故事：

有一人请了甲、乙、丙、丁四个人吃饭，临近吃饭的时间了，丁迟迟未来。这个人着急了，一句话就顺口而出："该来的怎么还不来？"甲听到这话，不高兴了："看来我是不该来的？"于是就告辞了。这个人很后悔自己说错了话，连忙对乙、丙解释说："不该走的怎么走了？"乙心想："原来该走的是我。"于是乙也走了。这时候，丙埋怨道："你真不会说话，把客人都气走了。"那人辩解说："我说的又不是他们。"丙一听，心想："这里只剩我一个人了，原来是说我啊！"也生气地走了。

你看，表意不明的沟通，竟导致自己失去友情，陷于孤立的尴尬境地。一个人能够与他人顺畅、及时地沟通，才能建立起和谐、长久的人际关系。人与人的沟通如果产生偏差，不但不能将自己真实的意愿表达给对方，还会引起误解、尴尬甚至是闹笑话。

沟通的艺术就是先建立信任和理解，不存私心，懂得投入时间沟通，懂得付出，才能有效建立信任感。注意，沟通不仅仅是语言文字的传递，

更重要的是思想和情感的交流。

有一位记者,曾在日本的一所小学采访,当问及该小学的校长:"您办学最注重的是什么呢?"这位校长回答说:"教孩子理解别人,凡事与别人合作。"

社会心理学家多伊奇提出了一种理论,当一个活动需要参与者积极地相互依赖时,最可能产生合作关系。为此他做了一个实验,他把学习心理学概念课程的孩子分为5人一组,共10组,给每个组提出两个问题去解决。其中5个组是合作组,他们是按组别来评分的,即每个组员的分数一样,这样一来,这个组的成员便有了共同的目标;反之,另外5个组是竞争组,他们每个人的分数是按个人的成绩分别评分的。结果表明,合作组成员表现出更大的相互依赖性、更密切的合作关系。

美国哈佛大学心理学教授乔治·赫华斯博士根据多年的研究成果认为,事业的成败在于能否建立有效的团队合作关系,他把与同事真诚合作列为成功的九大要素之一,而把"言行孤僻,不善与人合作"列为失败的九大要素之首。心理学的研究还表明,合作对人的发展有明显的积极作用,如心智的成熟、良好的社会关系、积极参与社会活动、对他人和社会有较高的信任水平、乐观主义的精神等。心理健康的一项基本的指标,就包括保持与他人合作关系的能力。

众所周知,现代社会在要求人们在进行激烈竞争的同时,又需要人们进行广泛的、多方面的交流与沟通。正因为竞争更多了,所以需要更多地合作。其实这两点并不矛盾。比如一个厂家要和另一个厂家展开残酷的竞争,它就必须和它的原料供应单位、新技术科研开发单位、销售单位等建立起密切的合作关系。因此说广泛意义的竞争恰恰需要密切的合作做后盾。

在生物学里，单细胞动物的生存率是很低的，多种细胞在一起，才能进行营养的互相渗透和稳定、有规律的新陈代谢。生物学原理在社会中亦发挥着相同的作用，凡事采取合作的态度，多沟通、多交流，不但能在团队内部形成活力，更能用来与对手竞争。

第三节　打造思维黄金圈

信任是人与人之间最宝贵的财富。只有彼此建立推心置腹、真诚相待、信而不疑的关系，才能最大限度地降低沟通成本。但这种关系建立的前提，必须是经常和他人保持沟通。只有畅通无阻的沟通，才能产生久经考验的信任。这使管理者无论遇到什么困难，都可以得到他人的广泛支持。

世界上所有领袖级的人物在取得成就的过程中，所遵循的思考、行动以及交流的方式几乎是相同的，是由内而外的方式：为什么（why）—怎么做（how）—是什么（what），这被誉为思维黄金圈。而一般人的思维恰好是反过来的。人人都知道自己是做什么的，有些人知道自己是怎么做的，极少数人知道自己为什么要做。作为一个领导者，如果你无法在高于产品和服务的层面把"为什么"讲清楚，你又怎么能期望你的团队伙伴知道呢？他们又为什么要跟你合作一起来做这个事业？乔布斯就是通过思维黄金圈法则成功地让苹果公司红遍全世界的。

拿破仑说过："征服世界有两种方式：一种靠利剑，另一种靠信仰。短时间看利剑可以战胜信仰，但长久来看，信仰终究会战胜利剑。"

在这个世界上,国家是有地理边界的,而信仰是无国界的,有形之国建立在看得见的土地之上,而信仰之国建立在看不见的心灵之中。只有靠信仰凝聚的组织才能长久存在,才能感召更多人。

如何提升意愿?西蒙·斯涅克认为在当今的商界,影响别人有两种方式:一个是操纵,另一个是感召。

咱们先来看操纵。依靠胡萝卜加大棒的操纵策略,只能完成交易,不能带来顾客的忠诚。人们不会因为被操纵而产生忠诚和信任。就算用操纵手段让顾客频繁地购买了产品,也并不代表能拥有顾客的忠诚度。组织为此付出的代价是高昂的,因为真正需要企业呵护的是顾客的忠诚度。当市场行情好的时候,操纵策略或许是可行的,可是市场一旦发现变化,企业就要付出很大的代价了。

与操纵不同的是,感召是一种精神的召唤,是思想和理念的认同,是一种信仰。例如,不少美国哈雷摩托车发烧友会把哈雷的标志文身在自己的身体上,他们为什么会如此疯狂呢?哈雷戴维森已不仅仅是一个驰名世界的摩托车品牌,不计其数的爱好者和追随者们执着地赋予其新的精神含义:创新精神、个性、情感、自由,这使它演变为一种宗教式的群体信仰,甚至成为一种生活方式。

为什么感召力能带来顾客忠诚?

社会学认为,人类有一个基本的需求就是渴望归属感。归属感并不是一种理性的存在,但它一直存在,无论哪种文化下的群体,都有这种向往。当身边的人跟我们有共同的价值观和信念的时候,归属感就产生了。找到了这种归属感,我们就能体会到被认同的感觉,也会觉得安全。

我们都听过这么一个故事，有两个石匠在建一个房子，有人就过去问他们两个人："你们在干什么？"第一个人说"我在建一个教堂。"第二人说"我在建设美好生活，我在建造人们的信仰。"两个石匠做的事情一模一样。不同的是，第一个石匠是在完成一个任务，如果有人付更高的薪水，第一个石匠很可能就跳槽了。

第二个人有使命感，他找到了"为什么"，他的工作是为了成为伟大事业的一部分。这让他更高产，当然也更忠诚。如果有人付出更高的薪水，他多半会拒绝，他会继续留下来，他知道自己在做一份有意义的工作，他会全力以赴地投入，也会体会到投入的快乐。所以只有有使命感的人生才是幸福的人生。那么，我们该如何寻找人生的使命呢？

我们的目标不仅仅是把产品卖给需要它的人，而是将产品卖给跟你有共同信念的人。我们的目标不仅仅是招聘那些需要一份收入的人，更要招聘那些跟你有共同信念的人。

乔布斯的魔力演讲提到了那些疯狂的人。在这里复述一下，与读者共勉：

致疯狂的人：他们特立独行。他们桀骜不驯。他们惹是生非。他们格格不入。他们用与众不同的眼光看待事物。他们不喜欢墨守成规。他们也不愿安于现状。你可以认同他们，反对他们，颂扬或是诋毁他们。但唯独不能漠视他们。因为他们改变了寻常事物。他们推动人类向前迈进。或许他们是别人眼里的疯子，但他们却是我们眼中的天才。因为只有那些疯狂到以为自己能够改变世界的人……才能真正改变世界。

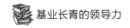

根据哈佛大学的研究表明，良好的心态对于成功至关重要。心态良好的人能将个人能力发挥得淋漓尽致，从平凡跃进非凡，甚至走向卓越。就算能力不足的人，如果心态端正，也可以通过学习、探索、努力、坚持而取得成功。反之，如果没有良好的心态，哪怕有再大的本事，也很难持续成功。

在生活和工作中，每个人都希望自己的伙伴有良好的心态，具有正面、积极、乐观、坚韧的品质。这样就能形成合力、事半功倍。在这里，有一个前提条件就是：自己必须是一个心态良好的人。因为只有自己的心态端正，才能带出心态良好的队伍，这也就是我们常说的"打铁还须自身硬"的道理。假如自己都没有良好的心态，根本无法帮助伙伴，伙伴也不会认同你。

在工作、生活中，也时常会遇到一些这样的伙伴：

一是整天抱怨这个，嫌弃那个，不是说公司这里做得不好，就是说上级还不如自己，不是埋怨借不到力，就是唠叨伙伴不成长，严重影响团队的凝聚力和士气。

二是总会有人想一步登天，一口吃成大胖子，甚至想不付出就可以领高薪。

三是很多人在合作中看不见别人的优点，喜欢指责、批评别人，把别人的缺点放大，却看不到别人的优点。

四是当遇到困难挫折，就心灰意冷，唉声叹气，怀疑自己当初的选择，为失败找出一堆借口，不相信困难可以克服，不相信坚持下去就可能成功。

五是一些人墨守成规，沉浸在过去的思维定式里走不出来，不愿面对新的环境，不愿承认新的趋势，不敢做出新的选择。

以上所有这些心态，都会令成功的机会与我们擦肩而过。

第四节 将情感认同作为沟通的切入点

物以类聚，人以群分。有相同经历、相同兴趣、相同性情的人，容易找到共同语言，也更容易产生亲密的感情。因此，在沟通的过程中，要注意做到以情动人，要善于将情感认同作为沟通的切入点。

有科学家以测验和问卷的方式了解了某大学部分学生的性情、态度、信念、兴趣爱好和价值观等，然后把这些方面相似的学生安排在同一宿舍，把相异的也安排在同一宿舍。过一段时间后，调查发现，志趣相似的同宿舍的人一般都成了朋友，而那些志趣相异的则未能成为朋友。由此可见，人们都倾向于和那些与自己志同道合的人交朋友。因为大家彼此有一种认同感，会找到更多共同语言。

所以，我们要打动一个人，首先就要把准对方喜欢听什么样的话，用对方喜欢的方式去和他们交流，这样说服起来会更简单、更容易、更直击人心。

说服别人不一定要像辩论赛那般，两方先说出自己的观点，然后再各自论证。假如我们有一定把握，可以直接开门见山，将自己的目的说出来，然后争取对方的认同。这样的方法在气势上是比较占优势的，也常常能够较快完成说服别人的过程。

一样米养百样人，不同的人，由于各自性格喜好有别，更加之生活

阅历的差异，他们会渐渐养成自己的一套独特的沟通方式与风格。如果我们能够循着这种风格去与他们沟通，那么对方会觉得很自然、很舒适，交流起来自然会事半功倍。反之，如果我们不注意、不尊重对方的沟通习惯，而是我行我素，你说东，我说西，那就很难合拍，彼此看对方都会觉得碍事、碍眼，这样的话，就很难把话说到一处。

这里有一个小故事。有一位表演大师上场前，他的弟子告诉他鞋带松了。大师点头致谢，蹲下来仔细系好。等到弟子转身后，他又蹲下来将鞋带解松。有个旁观者看到了这一切，不解地问："大师，您为什么又要将鞋带解松呢？"大师回答道："因为我饰演的是一位劳累的旅者，长途跋涉让他的鞋带松开，可以通过这个细节表现他的劳累憔悴。""那你为什么不直接告诉你的弟子呢？""他能细心地发现我的鞋带松了，并且热心地告诉我，我一定要保护他这种热情的积极性，及时地给他鼓励。至于为什么不直接告诉他，将来会有更合适的机会教他表演，可以到时再说啊。"

可见，沟通和人际交往的高手往往懂得先从对方的角度出发思考问题。

要用语言打动对方，必须首先获得对方情感上的认同，而要获得情感上的认同，首先要让对方感觉你和他是一样的人。因此，只有用对方最习惯、最乐意采纳的说话方式去表达才是最有效的。

第五节　通过沟通快速和他人建立信任和链接

不论在职场，还是生活中，说服高手都有这样一种体会：他人对你的信任往往决定了说服的成败。为什么呢？对方往往会因信任你、赏识你，而相信你说的话，也就是说，当你与别人建立起了信任关系，相应地，你的观点也更易于被接纳。这也是一种很常见的说服逻辑。

为什么知名专家讲的话会产生更广泛的影响力？就是因为他们的名气很响，即使表达不怎么出众，听众对他们还是会本能地产生一种信任感。在平时的生活中也是这样，有身份、地位的人，说出的话往往更能服人。如两个同事产生了点矛盾，只要领导出面调解，事情往往容易得到解决。为什么别人不行？因为大家信任领导。

但是，我们不可能每个人都是明星、专家、领导，也没有光鲜的头衔，那么，我们靠什么快速和他人建立起信任关系呢？自吹自擂当然不行。比方说，有个教授到某地讲学，上台后这样介绍自己："各位同学，大家好。我就是知名的教育管理学教授、教育学家崔老师，在教育界享有盛名。央视等多家媒体曾对我做过专题报道，我还经常到大型国企、机关单位授课，他们都说我妙语连珠、谈吐如流。今天来到这里，也是希望把我的一些心得分享给大家，教大家如何把培训管理工作提升一个档次。"

如此高调，反而会把自己的格调拉底，很难获得大家的信任。另外，过度拔高自己，还会带来一个坏处：拔高了大家对你的预期，增加了实现谈话目的的难度。

所以，与他人建立信任不能只靠名气，或是"包装"，这种做法反而有损形象，不利于接下来的沟通。要快速建立起人们对你的信任，除了要摆正位置，在说服时必须要注意两个方面：

1. 发挥"名片效应"和"自己人效应"

什么是名片效应？就是先表示对对方诉求的理解和认可，然后在此

基础上引出你的观点，这就更容易被对方接受。"自己人效应"则比"名片效应"更进了一层，即在"名片效应"的基础上强调双方身份上的某种相似性，如籍贯、职业、经历、兴趣等，如此会使对方产生信任感、亲近感，认为你是"自己人"。有了这些，还怕对方不信任你吗？

2. 不要把对方胃口吊得太高

如果别人对你抱有很高的期待，有时，还有人在边上"煽风点火"，大肆吹捧。这个时候，千万不要头脑发热，觉得自己有多了不起，聪明的做法是，要赶快调低大家的预期。比如，有人把你介绍给新客户后，你可以这么说："刚才王总讲得比较客气，我希望未来可以帮到大家……"当然，谦虚也不能过度，让人觉得此人平平无奇。调低对方的预期后，下一步工作就是表现出自己的专业性或是特长，用实力打动对方。

第六节　人人"能说不"，但不见得"会说不"

歌德曾说："决定一个人的一生，以及整个命运的，只是一瞬间。"的确，有时一瞬间的冲动就会毁了自己的一生。孔子说过：三思而后行。做一件事，如果不是经过用心反复考虑才决定的，那往往是一种鲁莽的行为。与人交谈，如果没有认真思考，让不合适的话溜出嘴，就会给自己带来不必要的麻烦，所以，我们一定要用心管好自己的嘴巴，切忌口无遮拦，必须要慎重地考虑之后再张口。

如果非说"不"不可，那么你更要小心谨慎，三思而后言，还应注意说话的态度、时机、措辞、声调和姿势,学会在什么场合说什么话,应该怎么说。在社交场合,学会拒绝的艺术是很有必要的。拒绝他人时总的原则是,不能损伤对方的自尊心,不能使对方难堪。这里介绍几种常见的拒绝方法:

1. 委婉含蓄拒绝法

这种拒绝法不是就事论事、直接拒绝,而是通过顾左右而言他的方法间接地、巧妙地、委婉地加以拒绝。这种拒绝法特别适用于有人为某事向你求情而你在原则上又不能答应的情况。

2. 先退后进拒绝法

不把自己的反对意见说出来,相反,先退一步,表示认可对方的看法,然后再针对对方所提出的问题,摆出自己的不同看法,这叫作先退后进拒绝法。这种方法特别适宜于拒绝权威人士的意见,又使对方保全了面子。

3. 强调客观拒绝法

这是一种强调主观上我是愿意尽力帮忙的,但在客观上却有许多障碍,确实是爱莫能助,以客观的诸多原因来加以拒绝的方法。

4. 引导对方自我否定拒绝法

如果认为对方的要求不合理,又不便直接向对方提出来,不妨在言语中设下包袱,引导对方自己否定自己。运用这种引导对方自我否定的拒绝方法,必须反应灵敏,方能不露破绽地令对方知难而退。

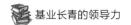

5. 合理建议拒绝法

在阐述自己无法帮助对方的苦衷后,不失时机地给对方提出一些合理的建议,帮助对方想其他的点子,为其指明方向,使对方感到你在间接地帮助他,这样就弥补了他因遭到拒绝而产生的不快。

第四章　成长的重要性

也许有的人认为领导力是天生的,依靠的是天赋,但是本书告诉你,领导力是可以复制的!普通人完全可以通过学习、成长获得领导力。

第一节　独立思考让领导力更具个性

一位服装大师曾经说过这样一段话:"同样看一件蓝色礼服,你们不要只看衣服的款式和颜色。不管它看上去是多么普通,在我看来,只要给它加上一条腰带,就会使它成为一件不同凡响的礼服。"

是的,也许我们一般人在看一件礼服的时候,很难发现它的不同之处,而这位服装大师之所以能够看出它的不同,就是因为他具备独立思考的审美能力。

对于一位拥有独立思考能力的人来说,当所有人都只看到事物的表面时,他会从另一个角度去看待这个事物,他会去思考事物的不同方面。正是因为这样,他才能够获得无限的创意,才能够获得心灵的自由,并体现出与众不同的领导力。

法国哲学家笛卡尔曾说过:"我思故我在。"一个人是否能够体现出他的存在价值,完全取决于他的思考能力的高低。当然,每个人都有思考能力,可有些人就像墙头草,哪边风大就往哪边倒。他的思考是跟着别人走的，人云亦云，没有坚定的立场。相反，有些人在处理某件事的时候，总能够提出独到的观点和见解，能够坚定自己的想法，能够让大家心中一震，马上成为现场的焦点，彰显出一种强大的领导力，这其中的主要原因就在于他具有独立思考的能力。拿破仑·希尔认为，影响人的独立思考的因素有三条：

其一，过去的经历可以影响我们思考的深度；

其二，当前的压力会影响我们思考的深度；

其三，缺乏洞察力会制约我们思考的深度。

全球著名的布鲁金斯学会，创建于1927年，以培养世界上最杰出的推销员而著称于世。它有一个传统，在每期学员毕业时，都会设计一道最能体现推销员实力的难题，让愿意接受挑战的学员去完成它。

2001年，布鲁金斯学会出了一道难题：请将一把斧子推销给总统。无数学员经过思考，觉得这是一个不可能的事情，许多人都知难而退。因为总统什么都不缺，即使缺什么，也用不着他亲自购买。再退一步说，即使他亲自购买，也不一定从你手里购买。

然而，有一个叫乔治·赫伯特的人却做到了，并且没有下多大工夫。记者在采访他的时候，他是这样说的："我认为，把一把斧子推销给总统是完全可能的。因为现任的总统在得克萨斯州有一座农场，那里长着许多树。于是我给他写了一封信。信上说，有一次我有幸参观您的农场，发现那里长着许多矢菊树，有些已经死掉，木质已变得腐朽。我想，您一定需要一把斧头，对您的体格来说，市场上的小斧头显然太轻，因此您仍然需要一把结实的老斧头。现在我这儿正好有一把这样的斧头，是我祖父留给我的，很适合砍伐枯树。倘若您有兴趣的话，请按这封信所留的地址回复……最后总统就给我汇来了15美元。"

赫伯特成功后，布鲁金斯学会得知了这一消息，并把一个刻有"最伟大的推销员"的金靴子授予了他，并声明："金靴子奖已设置了26年，26年间，布鲁金斯学会培养了数以万计的推销员，造就了数以百计的百万富翁。这只金靴子之所以没有授予他们，是因为我们一直想寻找这么一个人——这个人不会因为别人说不可能而不去尝试，而是自己独立思考，最终找到解决问题的方法。"

陈寅恪说："独立之精神，自由之思想。"一个人的思想不能够出现禁区，不能够被束缚。伟大的领导者之所以会有常人所不具备的见识、定力及气场，就是因为拥有了这种独立思考的能力，所以才具备了强大的领导力。

第二节　生命的成就取决于你的态度

命运赋予了每个人追求它的权利，尽管每个人的出身不同、成长背景不同、人生经历不同，但相同的是每个人都必然在成长的过程中经历坎坷与磨难。出身、背景、经历，这些都不是决定成功的关键因素，唯有一个人对自己生命的态度最终决定了一个人所能到达的高度。

因此，无论身处何种境地，只要充分运用命运赋予你的权利，努力前行，终有一日你或许就能摆脱命运设定的藩篱，走出艰难境遇，获得非凡成就。

荣誉不是出身造就的，而是奋斗造就的。我们不能因为出身的劣势，而放弃对美好未来的憧憬。我们没有选择出身的权利，但是，我们有选择走什么样的道路的权利，有让自己人生更有价值的权利。卑微的出身不能说明任何问题，不能代表一切：它培养了我们百折不挠的韧性，让我们拥有伟大的理想和抱负，给我们带来激励和勇气。所以，如果你出身卑微，不必在意，那正是上天对你的恩赐；如果你正因为出身卑微而轻视自己，那么，请记住泰戈尔那令人振奋的话语："宇宙间的一切光芒，都是你的亲人。"人不怕起点低，就怕境界低。

一位父亲为了教育小时候因为家境贫寒而深感自卑的儿子，带他去参观梵高的故居。在看过粗糙的小木床及裂了口的皮鞋之后，儿子困惑地问父亲："梵高不是个富翁吗？"父亲答："梵高是个连老婆都没娶上的穷人。"

几个月以后，这位父亲带儿子去丹麦，在安徒生再普通不过的故居前，儿子又不解地问："爸爸，安徒生不是生活在皇宫里吗？"父亲答："安徒生是一个穷苦鞋匠的儿子，他们一家就生活在这栋阁楼里。"这位父亲是一个水手，他常年奔波于大西洋各个港口。儿子叫伊尔·布拉格，后来成为美国历史上第一位荣获普利策新闻奖的黑人记者。

多年后，伊尔·布拉格回忆起童年的时光时，动情地说："那时我家很穷，父母都是靠出卖苦力为生的劳动人民。有很长一段时间，我一直认为像我这样地位卑微的黑人是不可能有什么出息的。我感到自己的世界一片灰色，毫无希望。好在父亲让我认识到梵高和安徒生的出身也都是很卑微的。他们的例子告诉我，卑微的出身并不能影响以后的成功。"

我们总是说有什么样的环境就会造就什么样的人生，影响我们人生的真的只是环境吗？其实，面对人生逆境时所持的态度，远比任何事都来得重要。

很多时候，是出身卑微的自己看低了自己。人的相貌、家境等先天条件是无法改变的，但至少内心状态、精神意志完全是由自己控制的。

小小亭长出身的刘邦可以指点江山，和尚出身的朱元璋也可以统率三军。成功从来都不会介意出身的高低。所以，出身卑微的你，也可以实现非凡的梦想，成就辉煌的人生。而这些的关键在于，你对自己的人生态度是积极向上的，愿意付出努力活出自己，而不是拘泥在现实环境中。

你大可将生活中的这些不幸和痛苦转化为另一种财富，让它唤起你奋发向上、勇敢战斗的激情。在这个奋斗的过程中，某些意志薄弱者也许会甘于现状，用萎靡不振的堕落来逃避当下不如意的境况，获得心灵的片刻安逸。但那些意志坚强和乐观向上的人反而会从中获取进取的力量和信心。

培根说得好："人类没有很好地理解他们的财富，也没有很好地理解他们的力量：对于前者，人们竟把它信奉为无所不能的东西；对于后者，人们又太不把它当一回事，对自己的力量太缺乏信心。自力更生和自我挑战将教会一个人从他自身力量的源泉中吸取能量，用自己的力量换取甜蜜的面包，学会用劳动保障自己的生活，并认真地拓展自己的能力，不断去追求生活中的美好事物。"

财富对只图享乐和甘于放纵的人来说是一个巨大的诱惑，尤其是对那些被欲望蒙蔽双眼看不清事实的人来说更是如此。因此，当那些出身富贵家庭的人仍然能够勤俭节约、努力工作时，这是一件多么值得庆幸的事情啊！

积极的态度加上聪明的大脑和勤劳的双手才是人们富裕的保障。即使一个人生于名流显贵之家，他要获得稳固的社会地位，也必须靠持之以恒的实干才能达成。子曰："君子食无求饱，居无求安，敏于事而慎于言，就有道而正焉。"人活着不仅仅是为了求得饱暖安逸，还应该有对理想、事业的追求。有了这样的理想，就不应再沉溺于物质的欲望，或是在逆境中哀叹命运的不公，而是要行动起来，走有光的道，走正道。

第三节　绘出自己的人生蓝图

以五年为一轮来看，假设你现在二十五岁，如果照自己这样的活法，想一想自己三十岁会是什么样子？三十五岁又是什么样子？你希望你的人生是这个样子吗？如果不是，你该及时做出哪些改变？你想过没有你想成为怎样的人？如果你要达成理想中的二十五岁或者三十岁时的人生，你现在还有什么不足的地方？把你的理想人生用一个详细的表格描述出来，包括职业、生活状态、经济状况、休闲活动等。然后根据这张蓝图去思考，你还欠缺什么样的能力，还应该学习哪些方面的知识？

在生活中，有的人乍一看似乎是一夜成名的，但如果研究他们的过去，就知道他们的成功其实是酝酿已久的，因为他们早已规划好了自己的蓝图，然后一步一步地朝着蓝图的方向而努力才得以成功的。

有一次在高尔夫球场，罗曼·皮尔在草地边缘把球打进了杂草区。有一个青年刚好在那里打扫落叶，皮尔就和他一起找球，这时，那青年很犹豫地说："皮尔先生，我想找个时间向您请教。"

"什么时候呢?"皮尔问。

"哦!什么时候都可以。"他似乎没有料到,皮尔会如此痛快地答应自己的请求。

"像你这样说,你是永远没有机会的。这样吧,30分钟后在第18洞见面谈吧!"皮尔说。

30分钟后,他们在树荫下坐下,皮尔先问了他的名字,然后说:"现在告诉我,你有什么事要同我商量?"

"我也说不上来,只是想做一些事情。"

"能够具体地说出你想做的事情吗?"皮尔问。

"我自己也不太清楚,我很想做和现在不同的事,但是不知道做什么才好。"他显得很困惑。

"那么,你准备什么时候实现那个还不能确定的目标呢?"皮尔又问。

青年对这个问题似乎既困惑又激动,他说:"我不知道。我的意思是有一天,有一天想做某件事情。"

于是,皮尔问他喜欢做什么事。他想了一会儿,说想不出有什么特别喜欢的事。

"原来如此,你想做某些事,但不知道做什么好,也不确定要在什么时候去做,更不知道自己最擅长或者喜欢的事是什么。"

听皮尔这样说,他有些不情愿地点点头说:"我真是个没有用的人。"

"哪里,你只不过是没有把自己的想法加以整理,或者缺乏整体构想而已。你很聪明,性格又好,又有上进心。有上进心才会促使你想这些。我很喜欢你,也信任你。"

皮尔建议他花两星期的时间考虑自己的将来，并明确自己的目标，用最简单的文字将它写下来，然后估计何时能顺利实现，得出结论后就写在纸上，再来找自己。

两星期以后，那个青年显得有些迫不及待，至少精神上看来像是完全变了一个人似的出现在皮尔面前。这次他带来明确而完整的构想，已经清楚地掌握了自己的想法，那就是要成为他现在工作的高尔夫球场的经理。现任经理五年后退休，所以他把达到目标的日期定在五年后。

他在这五年的时间里确实都在努力地学习担任经理必备的学识和领导能力。几年间，他在公司的地位日益重要，成为公司不可缺少的人物。五年后，经理的职务如预期一样出现空缺，此时没有一个人是他的竞争对手，他成功当上了球场经理。之后，他根据高尔夫球场的经营情况进一步来决定未来的目标并为之制订计划。现在的他过得十分幸福，非常满意自己的人生。

为自己描绘一幅清晰的人生蓝图，是要把自己的未来具象地呈现出来，并制订详尽的实施步骤，而不要把蓝图当作是空想而不去付诸实施。如果对于未来，你一直都只停留在"想"的阶段，那么美好的未来只能是一场美梦。如果你用蓝图的形式把目标一点一点地描绘出来，就会发现美好的未来并不是遥不可及的事。

第四节　路漫漫其修远兮，吾将上下而求索

我们的成长并非随着我们成年，或达到人生的某个目标而结束，成长应当是终身的，是没有止境的。其实，没有成长，何谈成功？所谓

成功不过是成长路上的某段风景。而成长则是不断突破自己，实现一个又一个的目标，从一个成功到另一个成功。

领导者的成长势必伴随着挫折和失意。在求索的过程中，可能有汗水、泪水和苦水，但这一切都是人生交响乐中不可或缺的音符，高低起伏才造就动听的乐章。而曾经的困难和失败，都成为未来可以言说的故事，为成功增添闪亮的光芒。

千万不要局限自己的想象力，不要被你目前的环境所捆绑。我们的思维境界，就是我们成长的方圆。

凤凰涅槃。凤凰经历烈火的煎熬和痛苦的考验，才能够获得重生，并在重生中实现生命的升华。下面，我们来看几个与成长有关的小问题：

1. 为什么要成长

有一个老师在课堂上问他的学生们，你们知道鳄鱼很凶猛，可是你们知道如何只身一人杀死鳄鱼吗？

答案很简单，那就是等鳄鱼饱餐一顿以后，它就会懒洋洋地躺着晒太阳，而这个时候就是它最脆弱、最松懈的时候，此时抓住机会，即便用木矛也能杀死它。

其实，在我们的日常生活中，我们有多少人做过吃饱的鳄鱼呢？

常常问自己几个问题：你对你自己的现状满意吗？不满意多久了？你还想这样继续下去吗？

如果对自己的现状不满意，并且不想再这样下去了，那么是不是应该做一个小小的改变？

而改变，恰恰是成长的开始。

你的父母还在为你打拼,你的孩子还在嗷嗷待哺,你的朋友还需要你力所能及的帮助,这个世界还需要你来贡献绵薄之力。别让爱你的人等待太久,这一切都是你成长的理由。

2. 什么是成长

小时候,看到农人在播种的时候,将种子埋在土里后要重重地踩上一脚,觉得很奇怪,踩得这么实,苗怎么还能破土而出?可农人说,土松苗反而长不好,破土之前遇到坚实的土壤才能让苗更苗壮。

是的,做任何事情都不容易。当我们从一开始便遇到阻碍与坎坷,或许是因为命运想让我们茁壮成长。每一个生命都有不同的旅程,有的直达彼岸,有的蜿蜒曲折,艰难前行。但只要梦想在,希望就在,所以真正的成长必须是跨过阻碍的,真正的成长必定是超越自己的。

3. 如何成长更高效

当你突破自己,做自己从未做过的事情时,你就已经成长了。

(1)诀窍一:**圈层突破**

如果我们想获得不一样的人生,必须打破我们固化的圈子,才能迈向人生的更高层次。我们接近什么样的人,就会走什么样的路。其实限制我们发展的往往不是我们的智商和学历,而是我们的生活圈、工作圈和身边的朋友圈。

"读万卷书不如行万里路,行万里路不如阅人无数,阅人无数不如名师指路。"一群志同道合的人,有共同价值观和使命感的人,会开阔你的眼界,提升你的格局,把正能量传输给你。提升自己最快、最好的方式，就是让自己进入一个能量更高的场，让更有能量的、更有格局的人去影响你。

在沃德精英商学院，我们可以结识各行各业的专家和成功人士，这是一个不断在成长的集体，也是加快我们成长的大熔炉。它带着我们不断地扩大我们的眼界。而眼界决定心界，心界决定格局，格局决定结局。

（2）诀窍二：刻意练习，深度成长

作家格拉德威尔在《异类》一书中指出了一个定律："人们眼中的天才之所以卓越非凡，并非天资超人一等，而是付出了持续不断的努力。一万小时的锤炼是任何人从平凡变成世界级大师的必要条件。"他将此称为"一万小时定律"。

要成为某个领域的专家，需要一万小时的练习，进一步计算就是：如果每天工作八个小时，一周工作五天，那么成为一个领域的专家至少需要五年。这就是一万小时定律。

然而重复练习，基本上只是反复地做某件事情，若指望重复练习来提高表现和水平，无疑是选错了方法。重复练习其实是一种无效练习。

而有目的的练习才是刻意练习。它有以下几个特点：需要好的导师和情境，需要明确的目标和计划，需要有效的反馈，需要发生在舒适区之外。

所以，在成长的过程中，我们需要有导师的指导和陪伴，制订明确的目标和计划，能够得到及时反馈，并不断反思复盘，调整步调。成长之路必定布满荆棘，穿越荆棘和坎坷，我们才能见到最美的风景。

在成长的道路上，坚定自己的信念和梦想，按照自己的步调一步步去实现它。一路走来，最终你会获得丰厚的回报。这，就是积极人生的真实写照；这，就是成长的重要性！

第五节　麦克斯韦尔的领导哲学

如果说成功是目标，那么成长就是到达目标的道路。这条道路时而曲折蜿蜒，时而坎坷不平，无论走到哪一段，最重要的是我们要保持初心，朝着清晰的目标，用专一的态度，积极的行动力前进。再曲折的路，最终也会通往成功。

如何才能提高自身的领导力？学习是最好的办法！

因为领导力不是一个人天生拥有的才能，领导力是多种能力的集合，是可以通过后天努力习得的。

领导者是善于学习的人，他们注重自我发展，不断充实自己，提高自身能力。这也是领导者与其追随者最大的区别。优秀的领导者都是善于学习的人，而且这一学习过程是持续不断的，需要通过自我约束、坚持不懈才能实现。他们能做到"今天的我，一定比昨天的我更优秀"。问题在于，大多数人过于高估结果的重要性，而低估了过程的作用，如同大多数人总是期望成功来得快些再快些。很多人高估了自己一年的爆发力，却低估了十年的持久力。实际上，那些潜在的领导者和普通员工在早期看起来并没有多大差异，但是经历一段时间后，二者之间的差距犹如天壤之别。

著名的管理学家麦克斯韦尔提出了领导力提升的五个阶段：

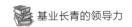
基业长青的领导力

1. 不知道自己不知道

大多数人认为，领导力只属于少数人，他们不知道自己因为不学习如何领导，而错过了很多机会。如果一个人不知道自己不知道，就不会进步。

2. 知道自己需要知道

在人生的某个阶段，很多人虽然位居领导地位，却发现没有人追随自己，这时候就意识到自己需要学习了。

当意识到自己对一些事情一无所知时，你就向真理迈近了一步。

3. 知道自己不知道

当经历一段时间后，你意识到领导力是事业成功的关键所在，如果不提高领导力，事业将深陷泥潭，无法实现曾经定下的目标。从而你开始坚持学习，让自己成长。

4. 我知道，我成长，我发现

如果我们十年、二十年后要成为卓越的领导者的话，从现在开始，每天都要学习。

从今天就开始锻炼自己的领导力，有一天你会体会到过程法则的作用。

5. 因为我知道

当积累了一定的管理知识，总结出管理经验，又学习了管理理论，能够从哲学的高度去思考问题，并且在实践中融会贯通，创造性地加以运用，取得了上佳的甚至令人拍案叫绝的效果，那周围的人就会夸赞，说他掌握了领导艺术。"不积跬步，无以至千里。"领导力是日积月累而得以提高的。要成为出类拔萃的领导者，就必须每天为之努力。冠军并不是在拳击场上成为冠军的——他们只是在那里得到认可的。

第六节　活到老，学到老

常听人说"活到老，学到老"，其实终身学习是一种信念，也是一种可贵的品质。它是自我完善的过程，也是我们在现代社会立于不败之地的秘诀。学无止境，永远不要停止学习的脚步，让学习成就你的事业，也成就你的人生。

有一位曾在日本政界、商界声名赫赫的人物——系山英太郎。他在30岁即拥有了几十亿美元的资产，32岁成为日本历史上最年轻的参议员。他成功的秘诀就是终身学习。

系山英太郎一直信奉"终身学习"的信念，碰到不懂的事情总是拼命去寻求解答。通过推销外国汽车，他领悟到销售的技巧；通过研究金融知识，他懂得如何利用银行和股市让大量的金钱流入自己的腰包……即使后来年龄渐长，系山英太郎仍不甘心被时代淘汰。他开始学习电脑，不久就成立了自己的网络公司，发表他个人对时事问题的看法。即使已近老迈之年，系山英太郎依然勇于挑战新的事物，热心了解未知的领域。

正是凭借终身学习，系山英太郎让自己始终站在时代的潮头之上。所以，如果你想让自己的事业平稳向前，实现可持续发展，千万记得

要终身学习。

拉里·埃里森是全球第二大软件制造商甲骨文公司的创始人、总裁兼CEO，2004年《福布斯》杂志全球富豪排行榜显示，他的个人净资产为187亿美元，排名第12位。

甲骨文公司是世界上最大的数据库软件公司。当你从自动提款机上取钱，或者在航空公司预订航班，或者将家中的电视连上互联网，你就在和甲骨文公司打交道。

埃里森是典型的气势凌人的技术狂人，个性张扬。硅谷流传着这么一个笑话：上帝和埃里森有什么区别？——上帝不认为自己是埃里森。历经20多年的时间，埃里森把一个无名的软件公司发展成世界第二大软件商。是什么使他在信息时代笑傲江湖呢？

学习，持续不断的学习，使这个集众多非议于一身的"坏家伙"始终走在信息时代的最前沿。

1944年，埃里森出生在纽约的曼哈顿，由舅舅一家抚养，在芝加哥犹太区中下阶层社区长大。小时候的埃里森并没有表现出超乎同龄人的天赋，在学校时，他成绩平平，非常孤僻，喜欢独来独往，他唯一感兴趣的就是计算机。

1962年，埃里森高中毕业，他先后进入芝加哥大学、伊利诺伊大学和西北大学学习，虽然经历了3所大学，却始终没有得到任何大学文凭。

关于学位，埃里森认为："大学学位是有用的，我想每个人都应该去获得一个或者更多，但我在大学没有得到学位，我从来没有上过一堂计算机课，但我却成了程序员。我完全是从书本上自学编程的。"

第四章 成长的重要性

埃甲森曾经对前来应聘的大学毕业生说:"你的文凭代表你受教育的程度,它的价值会体现在你的底薪上,但有效期只有3个月。要想在我这里干下去,就必须知道你该继续学些什么东西。如果不知道学些什么新东西,你的文凭在我这里就会失效。"

知识的迅速增长和更新,使人不得不在学习上付出更多的努力。现在,人们在"终身教育"问题上达成了共识,以至让"终身教育"思想成了当代世界的一个重要教育思潮。今天,在世界范围内都响起了"不学习就死亡"的口号。

时代飞速发展,环境急剧变化,没有一劳永逸的成功,只有不断学习,终身学习,你才不会被抛出时代的列车。

终身学习既是非常简单又是极端困难的事情。说它简单是因为学习不是一件必须正襟危坐的事,它就实实在在地存在于我们日常生活的每一天。它的内容无限广泛,它的方式也是因人而异。一个故事,一次经历,一番谈话……都可以让你收获良多。生活中处处都值得你学习,你不要让一个个学习的机会与你擦肩而过。用心观察思考,勤于动手动脑,随时随地学习才是正事!说它困难是因为我们或者因自满而中途放弃,或者把它当成一种苦差事而不愿做。

不管你是什么学历、什么出身,总之,要想事业可持续发展,就要做到随时随处学习。"活到老,学到老",古圣贤的教诲不能忘记。我们不能那么轻易地满足,要勇于给自己提出新的、更高的要求。我们也不能把学习完全当成一件苦差事,你应当看到学习是辛苦和快乐的综合体。我们要善于学习,乐于学习,在学习的过程中体会到收获知识的欢欣。

成功的人有千万,但成功的道路却只有一条——学习,勤奋地学习。如果一个人停止了学习,用时下流行的话来说就是"充电",那么你很快就会"没电",会被社会所抛弃。养成不忘学习的习惯,你离成功就不远了。

因此,无论在何时何地,每一个现代人都不要忘记给自己充电。只有那些随时充实自己,为自己奠定雄厚基础的人才能在竞争激烈的环境中生存下去。青年人更应如此,用学习来武装自己的头脑,充实自己的生活。

伟大的思想家、教育家孔子常常强调干劲及学习的重要性。但在孔子的众多弟子中,并非每一位都充满干劲,都勤奋好学。例如宰予,虽有一副绝好的口才,但却怠于学习。对于宰予,孔子不禁摇头叹道:"朽木不可雕也。"但再怎么责骂这种人也难改其性,最终被社会淘汰的肯定是这种不可救药之徒。

在学习的过程中,除了干劲以外,还需要有一种观念,即"学而不思则罔,思而不学则殆"。知识只是基础,必须再用自己的理解力将其消化吸收才行。更重要的是要学会运用知识去解决工作中遇到的问题,如此方可活学活用,内化于心。

当然,我们并不倡导你学习一些虚无缥缈的知识,而是要结合工作需要去有针对性地学习。前提是你要热爱自己的工作,方有动力去学习。如果你能将这份工作当作一生的事业而埋头苦干,不断进取,不断创造新的东西,"活到老,学到老",那么你的进步一定是永无止境的。当你的学习能产生回报,你就能日日以清新愉快的心情去主动学习而不会觉得疲倦。

第五章 领导力的维度

　　领导力，其实就是建立愿景、目标的能力，是激发团队成员协同的能力，是激起团队成员自信心和热情的能力，是确保战略实施的能力。希望本章介绍的领导力的维度能够成为帮助组织发展的实用工具，对组织培养和留住关键人才，巩固团队的核心起到积极作用。

基业长青的领导力

第一节　学习力，就是领导者关键的成长能力

学习力是一个人或一个企业、一个组织学习的动力、毅力和能力的综合体现。学习力既体现在个人学习内容的宽广程度和开放程度，也是学习者综合素质的表现；学习力还包含学习的速度，以及吸纳和扩充知识的能力；更重要的是学习力带来的价值增量，即学习成果的创新程度以及学习者把知识转化为价值的能力等。

当今社会进入了一个充满竞争的时代。在20世纪60年代，被《财富》杂志列为世界500强的大公司是全球竞争力最强的企业。但是到了20世纪80年代，榜单上三分之一的企业已经销声匿迹，到二十世纪末更是寥寥无几了。这一方面反映了新技术和新产业迅速淘汰传统产业的大趋势，另一方面也反映出若大企业不善于与时俱进，跟不上时代的节拍，必然会被时代抛弃。实践证明，企业只有通过自我超越式的学习、创新，才能在原有基础上重焕活力，再铸辉煌。

例如，美国的微软、日本的松下是这样，我国的海尔也是这样。他们成功的奥秘在于：一是能以快速度在短时间内学到新知识，获得新信息；二是组织的员工尤其是领导层能不断提高学习能力；三是形成了具有特色的组织文化，鞭策组织成员不断进步；四是以快速度在短时间内把学习到的新知识、新信息用于企业变革与创新，最大限度地满足了市场的需要。

当今社会，管理者需要学习的内容纷繁复杂，然而最根本、最重要的只有一项——学会学习。学会了学习，一切都会招之即来。毫不夸张地说，学习能力是"元能力"，是一切能力之母；学习能力是"元成功"，是一切成功之母。

有人说，失败乃成功之母。然而，现实中的许多事例表明，这种说法并不总是能成立。只有那些从失败中吸取教训的人，才能使失败成为成功之母；同样，只有那些从成功中汲取成功的经验的人，才能使成功成为成功之母。所以，无论是让失败成为成功之母，还是让成功成为成功之母，都必须以学习为基础。因此，归根结底，应该说"学习乃成功之母"。只有学习能力才是真正的成功之母、永恒的成功之母。

现在许多大企业在招聘新人时不再问"你会什么？""你学过什么？"，而是问"你能否学会我们想让你掌握的东西"。这就是一个变革的信号：学习能力比知识更重要。

在生存竞争日趋激烈、知识更新不断加快、科技发展日新月异的今天，对新领域、新知识的学习就显得更加重要。一个人要想有所成就，要想生活得幸福美满，必须要付出巨大的努力去不断学习，这就需要非常强的学习力。

学习力是一种可贵的能力。拥有了这种能力的人，一定可以通过不断的学习来提升自己，从而改变自己的命运。

我们都读过王安石写的《伤仲永》，仲永是一个天才儿童，但伴随着长大逐渐走向平庸，最后"泯然众人矣"。原因何在？他没有做到持续学习。音乐家莫扎特也是一个天才儿童，但他终其一生都没有停止开发自己的能力，因此他取得了非凡成就，成为伟大的音乐家。

论天资，我们大多数人和那些天才、神童比没有任何优势。此外，我们所处的时代比他们那个时代的知识更新速度要快得多。因此，我们更要以孜孜不倦的精神来对待学习。

知无涯，学无境。善于学习是一种可贵的品质，是自我完善的过程，也是我们在现代社会立于不败之地的秘诀。一个善于学习的人，才能走在时代的前列，才能在竞争激烈的社会立于不败之地。

第二节　决策力，就是领导者高瞻远瞩的能力

无论做什么事情，要想成功，都需要很强的决策力，决不能优柔寡断。决定你一生高度的，就是你的决策力！真正厉害的人，往往也都是善于决策的人。当前有狼后有虎的时候，没有完美的选择，但总有合理的决策。

对每个人来说，决策不仅影响着我们当下的选择，也影响着未来的人生道路。生活里，不是每个人都有条件去咨询专业的咨询师，大家更多的是找三五个好友聊聊天，问问亲友的意见，在自我权衡后做出决定，甚至有些人一拍脑门就瞬间决定了。但这样的决策往往是冲动的，

失败的风险也很高。

那么，我们该如何提升决策力呢？沃德精英商学院认为，掌握以下这些技巧，就能有效提升你的决策力：

1. 不要主观武断，要博采众长

在决策过程中，不能主观武断，因为每个人的知识和经验是有限的，而问题是无限的，用有限的经验和知识去解决无限的问题，就难免发生错误。在决策过程中，除了利用自身知识和经验外，还必须善于听取他人意见，博采众长，以弥补自己在认知上的欠缺，让决策更加科学。

2. 不要好大喜功，要权衡利弊

做决策时要保持头脑的清醒，不能单凭个人好恶，好大喜功，而是应该保持客观，清醒地权衡利弊，做到两利相较取其大，两弊相较取其小；不以小利害大利，不以小局害大局，不以眼前害长远。

3. 不要疑虑重重，要断之在独

在做决策时，很重要的一点就是拿得起放得下。在做决策时，三思而后行是必要的，但这不等于犹豫不决、反复无常。若是这样，只会让你坐失良机，追悔莫及。在做决策时，思虑周密是应该的，但在该拍板的时候一定要果断拍板。

4. 不要琐碎过细，要顾大抓本

每个人的精力都是有限的，如果什么细枝末节都去抓，那就很容易忙中出错。做决策，关键是要抓住大局的、根本的东西，也就是要顾

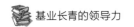

大抓本,抓主要矛盾,抓事物的根本,这样做出的决策,准确性才更高。

5. 不要不留余地,要多做准备

任何决策,都不可能做到万无一失,如果你做决策时不留任何余地,那么,一旦出现意外,就可能全盘皆输。所以,决策可以果决,但准备措施要做足,以避免意外出现后无计可施。

6. 不要墨守成规,要标新立异

决策虽然离不开对过去知识和经验的运用,但成功的决策亦取决于决策人的创造力,如果总是墨守成规,那决策其实就是简单复制和模仿。这样的决策风险固然低,但也不会有什么创新性的成果。做决策,要有创造性思维,要标新立异,敢于想前人所未想,做前人所未做的事。当然,标新立异要建立在科学判断的基础上,要切实可行,不能搞花架子。

如何做决策,每个人都有自己的方式,但面对多重选择无法抉择时,我们应该具有底线思维——你是否能够承受最坏的结果?

当我们不知道要去哪儿的时候,对路径的比较是没有意义的。因此,在对不同的选项进行利弊比较之前,最好先搞清楚自己的目标是什么。一旦明确目标,你就可能瞬间做出决策。

第三节 组织力,就是领导者选贤任能的能力

组织力是企业的战略实施能力,是对企业的各种资源进行有效整合

而形成的能成功实现组织战略的综合能力。组织力的强弱直接决定了企业战略的实现程度、实现速度和调整速度。组织力与战略是相辅相成的。没有好的战略,组织力越强,企业可能失败得越惨;没有很强的组织力,战略再好,也只能是水中花镜中月。

沃德精英商学院认为,组织力解决了四对关系:个人与目标的关系;个人与组织的关系;组织与环境的关系;组织与变化的关系。

过去我们只需要讨论个人与目标、个人与组织的关系,把这两对关系解决好就可以了。但今天我们应对的挑战更多来自于组织与环境的关系、组织与变化的关系。

美国著名经营专家卡特说过:"管理之本在于用人。"管理层最重要的职责之一就是当好"伯乐"。所谓伯乐,就是要善于发现千里马,并加以组织和利用。同样地,既然领导者被称之为伯乐,他们在用人方面也要善于挖掘下属的长处,在选用提拔人才时,也要以他们的能力为标准来筛选。

以常人的眼光来看,比尔·盖茨曾经只是个大学肄业生,曾宪梓只是个裁缝店里的学徒。但是他们都成功了。我们总是希望职员能面面俱到,其实,尺有所短,寸有所长,所有人都不是完美的。你所要做的,正如同导演一样,选择合适的人扮演合适的角色,组织和指挥那些不完美的"演员"成就伟大的作品。

卡耐基的墓志铭是:"一个知道如何让比他能力更强的人来为他工作的人安息在此。"卡耐基不愧为伟大的管理者。他的墓志铭道出了管理者的真谛。好的管理者如同指挥家,他不会弹钢琴,不会拉小提琴,不会吹小号……但只要他组织到位,一挥指挥棒,每个天才乐手在他

的组织和指挥下将会合奏出最美的乐章。

世界上不存在没有缺点和短板的人。选人和用人的原则就是扬长避短，让他们做他们最擅长的事，做到人尽其才，而不是盯着下属的缺点和短板不放。如此方能使资源得到最好的配置，才会产生最大的效益。

埋怨部下无能的领导者其实是最无能的。这样的领导者，常常忘了他最重要的工作是什么。在领导者还没有彻底了解一位下属前，先不要妄加断定。成功的领导者就是让部下做他们能做的事，且做到最好。

总而言之，人各有所长，领导者就是要使其各就其位，通过组织力把他们放在适合自己的位置上。在这个位置上，他们的优点会得到尽情发挥，而缺点却可以受到抑制。只有做到这一点的领导者，才是真正意义上的领导者。

第四节　教导力，就是领导者带队育人的能力

一个公司之所以成功，是因为他们拥有优秀的领导者，这些领导者能够促进公司各级领导者的成长；一个企业是否能够基业长青，不是看它今天能否取胜，而是看它明天是否还能够持续取胜。因此，优秀领导者的标准之一就是他能够教导人，使这些人也成为优秀的领导者、继承者，即便在他离开的时候，公司也能持续成功。成功的组织和领导者的一个关键能力就是善于创造领导者，不会带队育人的上级永远都只是一个人。

为何要掌握带队育人的教导力？

教导力是一项智慧，需要学习；领导者就是一个指挥家，没有智慧，

如何带队？

很多人在成为团队领导之前，有的是做技术的，有的是做营销的，有的是做研发的，有的是做服务的。但当他走上领导岗位后，他原来的经验和能力已经成为非核心竞争能力，过去赖以生存的核心竞争能力现在已成为一种支持力和外围竞争能力。因为他现在已经变成一个指挥家了。

但是，在现实生活中常常有这样的情况出现：当一个小提琴演奏者成为指挥家以后，经常会得意于自己的小提琴演奏技艺，他时常会离开指挥位置，坐到乐队中拉一曲优美的曲子；当一名做营销的业务能手成为领导者之后，看到下属遇到困难，就会自己冲上去，替下属谈客户。其实在这个时候，指挥家、企业的领导者都已经脱离了自己的岗位，试图扮演以前的角色。企业的很多失败和混乱，并不是由员工造成的，而是由于领导者没有履行领导的责任，从而搞乱了整场"演奏"。

作为公司里的领导，具备教导力是必不可少的，不仅如此，还必须学会发挥教导力的作用。

一个小集体、小团队就可以组成一个小社会。这个小社会是复杂还是简单，最主要是看这几个人的关系是单纯还是复杂。如果你是这个小集体的领导者，那么你就决定了这个小社会的整体氛围。如果你想要一个简单有效率的集体，那么你就要学会沟通，言传身教地去教导他们。

也许你很在乎跟上司的相处技巧，但却经常忽视下属的感受。尤其是对那些在公司里微不足道的人物，你甚至会把自己的不快全发泄在他们身上，把他们当出气筒，更别提教导他们了。这样的领导根本就不会去考虑团队成员的感受，是很难带出团结一致的团队的。

基业长青的领导力

作为一个教导者,你一定要有海纳百川的心胸,能接受团队成员甚至是下属的批评。你只有真诚地对待他们,并视他们为你的知己、益友,唯有如此,他们才会直言不讳,提出中肯的建议,这样才能让你当好领导。

譬如,团队来了一名新员工,此时的你如果耍威风,摆架子,这样就谈不上教导力,也无法赢得人心。上上之策便是拿他当朋友看。既然他是新来的,那肯定对一切都很陌生,难免会四处碰壁,如果你从中教导他,经常给他提个醒,让他早日适应工作环境,那么,面对你这样一个热心的教导者,他岂有不心甘情愿为你工作的道理?

同时,你还要带他参加所有跟他有关的会议,让他多了解公司的运作程序,还要有意地让他多接触同事,并给他发表意见的机会,这样做既给了他自信,也给了你深入了解他的机会。

当他遇到工作上的难题时,你不妨多给他一点时间,或者你也可以适当地去帮助他解决这个难题。不过要恰到好处,不可过分地帮助他,否则不利于他的成长。不过也要注意,不要给他过多的压力,在必要的时候多给他鼓励。

作为领导者,即使再怎么平易近人,大家也会对你有所保留。所以,领导者除了要平易近人外,还要主动与下属打成一片,拉近彼此之间的距离。当然,也不要过于随和而失去原则,要在保持教导力的前提下,树立公正、严明的形象。

第五节 执行力,表现为领导者超常的绩效

在管理领域,"执行"就是在既定的战略和愿景下,组织内外部资源,

综合协调，并通过有效的执行措施从而实现组织的愿景目标。执行力是一个变量，不同的执行者在执行同一件事情的时候会得到不同的结果。执行力不但因人而异，而且还会因时而变。

执行力反映了组织的整体素质，也反映出管理者的角色定位。管理者的角色不仅仅是制定策略和下达命令，更重要的是必须具备执行力。执行力的关键在于通过制度、体系、企业文化等规范去引导员工的行为。管理者善于培养下属的执行力，是企业总体执行力提升的关键。

人之所以有优秀与平庸之别，原因就在于优秀者更有实现构想的能力，这就是一个人的执行力，而不是空有思想；企业亦如此，一个优秀的企业在与同行企业做着同样的事情，之所以比别的企业做得好，就是因为落实得更到位，执行得更有效果。

优秀的人有一个共同的特点，那就是只要他们认定了一件事，无论面临多大的困难，也无论将来是成功还是失败，他们总是从不拖延，立即行动，一分钟也不耽误，并孜孜不倦地朝着心中的目标前进。成功并没有什么秘诀。只要你能坚持用十年时间来做同一件事，即使你资质平庸，也同样可以将优于你的人远远地抛在后面。只是在茫茫众生之中，很少有人能做到这一点罢了。

成功需要付出无数汗水和心血，也需要承受无数压力和痛苦，甚至受到委屈和伤害，但我们不要畏惧这些。坚持去做，立即去做，不要让自己浪费时间，我们才能一步步地走向成功。

有这样一个故事：

一个犹太人和一个英国人一同搭船到异国闯天下，他们下了船后，看着海上的豪华游艇从面前缓缓而过，两人都非常羡慕。犹太人对英国人说："如果有一天我也能拥有这么一艘船，那该有多好。"英国人也点头表示同意。

吃午饭的时间到了,他们都觉得肚子有些饿了,两人四处寻找,发现有一个快餐车旁围了好多人,生意似乎不错。犹太人就对英国人说:"我们不如也来做快餐生意吧!"英国人说:"嗯!这主意似乎是不错。可是你看旁边的咖啡厅生意也很好,不如再看看吧!"两人没有统一意见,于是就此各奔东西了。

握手言别后,犹太人马上选择了一个不错的地点,把所有的钱投资做快餐。他不断努力,经过8年的用心经营,已经拥有了很多家快餐连锁店,积累了一大笔钱财,他为自己买了一艘游艇,实现了他的目标。

这一天,他驾着游艇回到码头时,发现了一个衣衫褴褛的男子从远处走了过来,那人就是当年与他一起闯天下的英国人。他兴奋地问英国人:"这8年你都在做些什么?"英国人回答说:"8年间,我每时每刻都在想:我到底该做什么呢?"

这位犹太人成功的原因在于,他想到了一个好点子,就马上去执行,而英国人则相反,他总有这样或那样的顾虑,不敢放开手去拼搏,结果只能一事无成。

其实,这样的场景在我们的生活中并不少见,有的人执行力非常强,领导交给他的任务,能够立马去执行,及时反馈结果;而有的人则拖拖拉拉,一定要拖到最后的期限,不得不做了才会去做,这样往往在匆忙中去执行任务,没有全盘的规划,只想着怎样交差,结果自然不尽如人意。可想而知,这两类人中哪一类人更能获得领导的青睐,被赋予更重要的任务。

其实不仅仅在我们的工作中是这样,在我们实现自己人生目标的路上,也一定要有立刻去做的决心和执行力。而现实是,我们往往总是想的多做的少，结果失去了转瞬即逝的机会。我们给自己留了太多的后路，甚至没有勇气去打破现状，自欺欺人地安慰自己"以后还有机会""时间还比较充裕"。其实在确定了目标以后我们就没有了后路，唯一的选择就是立即行动。

立即行动，能使我们保持较高的热情和斗志，能够提高我们的时间使用率，提高我们的办事效率。而拖延只会消耗我们的热情和斗志。

在行动之前我们要提醒自己：必须马上行动，不能有任何拖延，否则很难在计划的时间期限内完成任务。而且一定要一次性将行动落实，千万不要说："以后再执行。"以后就意味着拖延，意味着失败。

其实一件再困难的事，难的往往只是开头，只要我们能够克服自己的拖延，投入到执行计划中去，我们就成功了一半，剩下的一半就是坚持下去。可是很多人却因为畏首畏尾，瞻前顾后，拖拖拉拉，导致好不容易燃起的斗志没多久就熄灭了。其实下一次这个问题还是要去面对，那么为何不立即行动，立即解决呢？

因此，成功者必定是立即行动者。对于他们而言，时间就是生命，时间就是效率，时间就是金钱，拖延一分钟，就浪费一分钟。只有立即行动才能挤出比别人更多的时间，比别人提前抓住机遇。

立刻去做，一分钟也不要耽误！不要拖延，拖延等于死亡，抓紧时间才能让我们的美梦成真！

第六节　感召力，就是领导者赢得人心的能力

感召力是指一种不依靠物质刺激或强迫，而全凭人格和信仰的力

量去领导和鼓舞他人的能力。它又被称为"领袖气质"。具有这种气质的人身上有强大的吸引力并更容易受到拥护。感召力不是建立在职位权威上,而是建立在下属对领导者非凡才能和人格魅力的感知上。美国心理学家昂格和康南的魅力型领导理论把魅力视为一种归因现象,魅力型领导者往往具有远见卓识,自我牺牲精神强,有高度的个人冒险倾向,能使用非常规策略,有准确的情境估计能力,自信心强,善于使用个人权力等。

要成为感召力强大的人物,你需要具有远大的愿景和坚定的信念,能把坚定的信念表达出来,让足够多的人听见,培养自己独特的人格魅力,在能力超群的基础上敢于迎接挑战。

感召力是领导者吸引和鼓舞被领导者的能力,是领导者通过不断完善自身而形成的一种独特的内在吸引力和鼓舞力。领导者的感召力越强,吸引和鼓舞的被领导者就越多。一般情况下,下属遇到有感召力的领导会浑身充满斗志,对工作充满希望;相反,则容易对工作产生沮丧与厌倦情绪,甚至抽身而去,长此以往,组织将因凝聚力不足而自动消亡。

第六章　贡献的回报

　　一群人同心协力，开动脑筋，其产生的群体智慧将远远高于个人智慧。一群人全心全意地贡献自己的创造力，将形成巨大的力量，而这股力量必将产生更大的回报。

第一节　将欲取之，必先予之

　　以有意义的方式去奉献自己，我们将成为全世界最富有的人。特蕾莎修女会认为自己有多么"富有"吗？当她在被问到这个问题时，她的回答是："我多么富有？我太富有了，根本无法计算。我能帮助这么多生病、贫穷、孤独以及迷失的人。"显而易见，她是以她的奉献多寡来衡量她的财富的。就如托尔斯泰曾经说过："我们爱人，不是因为他们能为我们做什么，而是因为我们能为他们做什么。"

　　曾经听到过这么一个故事：

　　某个人遇难了，被一人救起，被救者说："你要什么作为回报？""我不用回报，只要求你在别人需要帮助时帮助他。"一天，那人看见一位需要帮助的人，并帮助了他，被帮助者问："你要什么作为你帮助我的回报啊？"那人说："我不要什么回报，只要求你在别人需要帮助的情况下给予帮助。"几个月后，那人落难了。当他被救后，他呆住了，想：这人不正是被我帮助的人吗？那人刚要说话，对方马上说：

"我并不要任何回报，只求你在别人需要帮助的情况下帮助他。"

事实上，生命的价值不是在于我们的获得而是在于我们的给予。我们必须舍得，才能有所得；我们通过奉献，才能找到自己的定位，才能"发现"自己。而就像我们所讨论的，这不只是一种利他主义的劝说，而是一种实际的、会让你有实质收获的忠告。

第二次世界大战结束后，战胜国几经磋商，决定在美国纽约成立协调处理世界事务的联合国。美国著名的家族财团洛克菲勒家族经商议，果断出资870万美元在纽约买下一块地皮，无条件地赠给了这个刚刚挂牌、捉襟见肘的国际性组织。同时，洛克菲勒家族也把毗邻这块地皮的大面积地皮全买了下来。

对洛克菲勒家族的这一出人意料之举，当时许多美国大财团都吃惊不已。人们纷纷嘲笑说："这简直是愚人之举！"

但奇怪的是，联合国大楼刚刚建成，毗邻它四周的地价便立刻飙升，相当于当时捐赠款额数十倍、近百倍的巨额财富源源不断地涌进了洛克菲勒家族。

"将欲取之，必先予之"，洛克菲勒家族敢于先予后取，无疑是"大智若愚"的经典案例。

敢于放弃，取决于真正的智慧。而一切斤斤计较、机关算尽的自以为是，归根结底都是"小聪明"，到头来往往是聪明反被聪明误。

第二节 种瓜得瓜，种豆得豆

奥格·曼蒂诺曾经说过："即使是短暂的接触，也要对每个人付出

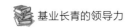

你所有的关怀仁慈以及爱,别计较任何回报,从此以后,你的人生将有所不同。"

我们都明白播种和收获是在不同的季节,但还是有些人做事总是想立刻得到回报,没有回报就会选择放弃。其实他们多半不是因为无法坚持而放弃,而是因为感觉不到显而易见的回报。但如果你的动机是为了贡献而不是回报,你就会坚持去做直到成功。

只有对贡献充满热情和激情时,对于回报才会不在乎。事实上,当你日复一日地付出更大的贡献,其实你也在收获着最大的回报和爱。当你收获爱时,你也即将拥有精彩的人生。你每天都有机会感受美好,付出和分享爱给别人。当你觉得快乐时,你肯定会乐于分享。当你付出爱并和他人分享,你会发现爱就会回到你身上。而且经常是比你所能理解的更棒、更欢喜地回来。你越是付出,感觉越美好。你的磁场、信心就会越来越强;你影响的范围也会越来越大,还会把你喜爱的所有人、事物吸引到你的身边来。这样团队就会不断壮大,公司就会不断发展,那些具有影响力和感召力的人就会与你志同道合,这就是所有伟大企业走向成功的必由之路。

有太多的人认为,付出是为了回报。当回报不能马上看得到,就觉得努力是无用的,马上就会放弃!

高效的领导者应把目光聚焦到自己当下所做的事情上,思考如何把事情做好,而不是关注事情做了之后的回报。当我们能用追求卓越的心把每一个当下的事情做到最好,我们的个人价值就体现出来了。

高效的领导者不一定是个工作狂,但一定要做到对待工作责无旁贷。责无旁贷就不会有推脱、有借口。真正的事业需要的是使命感,并为之投入毕生的精力。而使命感能铸就伟大的奉献精神！当一个人的奉献是由使命感所驱动，他就不会索要回报，不会急于求成；当一个人的贡献是不图回报的，那么，人们对他的追随便是因为他的付出和对组织所做出的贡献。从另一个角度来看，这也是一种回报。

高效的领导者是以他人为中心，关注的是别人能从自己这里得到什么；在工作中慷慨地分享自己的时间、精力、知识、技能、想法和关系，让别人尽可能多地从中获益。比如伸出援手、提供指导、分担压力或者是帮助别人拓展关系。其实，贡献也不一定是无私的，每个人都有自己的目标，都希望获得成功。高效的领导者通过贡献积累的声望和人际关系最终会帮助他们走向更大的成功。在取得成功的同时，他们的成功又可以进一步扩大自己的影响力。

什么是领袖的终极测验？答案就是：因为你活着，许多人的生活变得更好。如果你想要成为真正的领袖，让生命更有意义，你给予的必须超过你想得到的。世界潜能大师安东尼·罗宾说过："生命的意义就是给予！"心灵的两个需求是成长与贡献，只有满足了心灵的需求，你才能体验到持久的喜悦。

第三节　懂得付出，是一种更高维度的领导方式

安东尼·罗宾说，人分五种层次，第一层次是"紫色系的人"，是为养家糊口而活着的人；第二层次是"黄色系的人"，他们拥有一份不错的工作，能够自己生活得很好；第三层次是"橙色系的人"，到达此层次的人，会有自己的团队，会负责起更多人的生活；第四层次

是"绿色系的人",这一层次的人已接近忘我的境界,不会过多地考虑自己;第五层次是"蓝色系的人",到达这个层次的人已经进入了无我的境界,他们完全为了贡献而活。

领导者不只是要影响别人,不只是要自己很有力量,而是要从内心散发出奉献精神。

"天之道,损有余而补不足。"这是老子《道德经》上的一句话。我们要时刻牢记这句话。做人做事不仅仅是一味地索取,更重要的是舍得付出。用自己的付出,为自己收获幸福的果实。付出与收获成正比:你付出的越多,得到的越多;你奉献的越少,回报的越少。

18世纪的法国,一位绅士不慎落水,农夫拼命将其救出,绅士欲报答农夫,农夫却什么也不要,于是绅士便恳切地对他说:"我会让你的小儿子接受最好的教育!"果然,二十年后,农夫的小儿子成了著名的医学家,而绅士的儿子却得了不治之症,还好有了盘尼西林,绅士的儿子得救了,而盘尼西林就是农夫的儿子发明的特效药。

农夫舍命的救助换来了绅士慷慨的付出,绅士资助了农夫的儿子成就学业;而绅士的知恩图报也使自己的儿子从病魔的手中获救。由此可见,帮助他人就是帮助自己,只要舍得付出,就一定会得到回报。

如果你希望得到别人的帮助,那就先帮助别人;如果你希望别人以微笑对你,那就先给别人一个甜蜜的微笑……生命是一种奉献和付出,因为只有在奉献与付出中,生命才能彰显它的使命和意义。奉献过后才能收获快乐,赢得尊重。

梁宇清说过:"付出晶莹的汗水,就拥有通向金秋的护照;播种了辛劳,就能收获人生的果实,收获一个无悔的青春。"是啊,当你手捧玫瑰，那诱人的香气飘入心扉时，你感到心灵仿佛被晶莹剔透的水洗刷过那样痛快、舒畅。如果我们每个人都奉献一点热情，付出一点爱心，我们将收获的是和平与美好。只有弘扬奉献精神，我们才能生活在充满爱心的世界里。你奉献出了努力，收获了成功，你奉献出了真诚，收获了友谊；你奉献出艰辛，收获了荣誉。

第七章　杠杆法则

阿基米德曾经说过："给我一个支点，我可以撬起整个地球。"对于团队来说，这个支点就是团队成员的智慧。现代管理学认为，管理之道在于借力，而人是企业最重要的筹码。借力，就是要善于"借用"他人的智慧和力量。不仅要知人善用，更要学会对人力资源进行合理开发，做到可持续发展，而非竭泽而渔。

第一节　领导力——撬起世界的能力

作为领导者，你能否取得成功，很大程度上取决于你能否掌握和运用各种杠杆。有了合适的杠杆，你不仅可以撬起你的世界，还可以撬起他人的世界。个人行为将会带来强大且出人意料的涟漪效应，从而对为数众多的其他人产生影响。

作为一个领导者，要善于发挥组织、团队的作用，利用系统的力量，才能借力使力，少费力，取得事半功倍的效果。

在自我管理和职业能力的提升上怎么利用杠杆原理呢？比如，当我们有一个目标要达成的时候，一般人想到的是怎么通过自身的努力来达成这个目标，这就是典型的"向内求"思维。而还有一类人，除了想怎么向内求之外，还会想能不能借助外力？能不能使用杠杆？他们有一个共同的特点，就是拥有"向外求"的思维。

内在的能量再强大，与整个外在世界的资源相比，也是渺小的。显然，要做成一件事，光靠自己的努力是远远不够的。

现代职场中存在一种错觉，就是我们总是认为，若想获得成功，就必须更多地加班，更努力地工作！然而，只要我们学会利用杠杆原理，就可以通过借力实现个人成就更大的突破。

在你成为领导者以前，成功只同自己的成长有关，在你成为领导者以后，成功同别人的成长有关。我们知道，根据杠杆原理，只要杠杆的动力臂足够长，用一定大小的力就可以举起任意重量的物体。

日常生活中，杠杆无处不在。而在运作事业的过程中，每位领导者所面临的问题中也都存在着一个可以加以利用的杠杆。如果领导者能够牢固支点并找到足够长的动力臂，那么他不仅可以撬起自己的世界，还可以撬动他人的世界。所谓支点就是某种具有凝聚力的事业、愿景、措施乃至战术，而动力臂就是你要能够借助支点吸引到足够多的人加入你的事业。如此的杠杆效应将会带来强大且出人意料的涟漪效应，不仅能在团队内部产生影响，甚至还会扩大影响至团队外部，从而大大提升你的领导力。

著名的"冰桶挑战赛"也是通过各种杠杆因素撬动起来的。克里斯·肯尼迪是一名来自佛罗里达州的高尔夫球手。2014年，他的一位朋友提名要他为慈善事业而接受冰桶挑战。肯尼迪接着提名妻子的表妹珍妮特·斯娜夏。肯尼迪选择帮助肌萎缩侧索硬化症（简称渐冻症，ALS）的患者作为此次慈善活动的目的，是因为珍妮特的丈夫当时就患有这个病。珍妮特接受了挑战，将视频上传到自己的脸书账号上，并提名了其他人。

冰桶挑战赛很快就像病毒一样传播开来。冰桶挑战赛的意思就是你

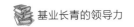

要么捐款给ALS协会（渐冻症协会）；要么把你被一大桶冰水浇过头顶的视频记录下来，然后再点名挑战另外三个人。简而言之，你要么捐款，要么接受冰桶挑战。大部分人选择了捐款，同时也选择了参与冰桶挑战。更重要的是，相比2013年7月到9月之间270万美元ALS协会收到的捐款额，2014年同一时期的冰桶挑战共筹集到了超过1.133亿美元的捐款。

各种杠杆因素共同撬起了这个惊人的结果。要不是克里斯·肯尼迪的运动员经历，他不会认识第一批参与的名流。要不是脸书创始人扎克伯格、微软创始人盖茨、著名歌手贾斯汀、美国前总统小布什也参与进来，活动难以被进一步撬动起来。若是没有提名下一个参与者的活动设计，人们也没有合适的借口邀请自己朋友圈里的亲朋好友参加。谁能邀请谁，这已经成为活动的亮点，活动的影响力也像池塘里的水波一样，不断荡漾出去。而作为领导者，如果也能善于利用你的领导力、影响力、人际关系等杠杆，那么你也一定能撬起更美好的未来。

第二节　高效执行，效率最大化

毫无疑问，杂乱无章的做事习惯只会浪费自己的时间和精力，根本就没什么效率可言。相反，做每一件事都井然有序者，其办事效率一定不会低。

如果有人问世界上最拥挤的地方是哪里，答案应该是纽约市中央火车站的咨询处了。每天，那里总是人潮拥挤，匆匆忙忙的旅客都抢着询问自己想知道的问题，都希望能够立即获得答案。对于问询处的服务人员来说,工作的紧张与压力可想而知。疲于应对是他们的共同感受。

不过,3号柜台后面的那位服务员却是个例外,他看起来并不紧张,这实在令人不可思议。这位服务人员戴着眼镜,样子文弱,却要面对秩序混乱的候车大厅和大量缺乏耐心的旅客,让人很难相信在如此巨大的压力面前,他还能镇定自若。

一次,在他面前的旅客是一个衣着鲜艳的妇女,头上戴着一条丝巾,已被汗水湿透,她的脸上充满了焦虑与不安。咨询处的这位先生倾斜着半身,以便能听清她的声音。"是的,你要问什么?"他把头抬高,集中精神,透过厚镜片看着这位妇人,"你要去哪里?"

这时,有位穿着入时,一手提着皮箱,头上戴着高级帽子的男子,试图插话进来。但是,这位服务人员却旁若无人,只是继续和这位妇人说话:"你要去哪里?""波士顿。""波士顿是吗?"他根本没有看行车时刻表,就说:"那班车是在10分钟之内发车,在第11号月台上车。""你说是11号月台吗?""是的,太太。""11号?""是的。"

女人转身离开,这位服务员立即将注意力转移到下一位客人——戴帽子的那位先生的身上。但是,没过多久,那位太太又回头来问月台的号码。"你刚才说的是11号月台?"这一次,这位服务员已经集中精神在下一位旅客的身上,不再管这位头上扎丝巾的太太了。

有一天,有人询问那位服务员:"能否告诉我,你是如何做到并保持冷静的呢?"

那位服务员这样回答:"我根本没有和大众打交道,我只是单纯地在接待一位旅客。忙完了一位,才换下一位。在一整天之中,我每次只服务一位旅客。"

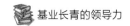
基业长青的领导力

看来，这位服务员完全掌握了高效率的工作方法：一次只解决一件事。许多人在工作中把自己搞得疲惫不堪，而且效率低下，很重要的一个原因就在于他们杂乱无章的工作习惯。他们总试图让自己具有高效率，而结果却常常适得其反。

在从事一项工作的时候，不要因为受到干扰而放下正在做的工作，转身去做其他不相干的事情。因为如果此项工作还没有结束，就又开始另一项工作的话，你的办公桌上就又要开始混乱了，随后，你的大脑也要开始混乱了。你一定要力求把你手头的工作做完以后再开始另外的工作，即使这项工作暂时遇到了阻碍，你也要尽力去做。

一项工作做完后，务必要把与这项工作相关的资料收拾整齐，并分门别类地把它们放到合适的位置，然后你应该核对一下剩下的工作，接着去进行第二项工作。

秩序应是工作的第一定律。但实际果真如此吗？不见得。只要我们稍加留意就会发现，很多人的桌面总是堆满纸张，好几个星期都不曾整理。

当你的办公桌上乱七八糟地堆满了待复信件、报告和备忘录时，这足以导致慌乱、紧张和忧烦的情绪。更为严重的是，这些不断积累的负面情绪往往会引发高血压、心脏病和胃溃疡等疾病。

著名的精神病医师威廉·沙勒提到他的一位病人，就是因为凌乱无序的工作习惯而差点精神崩溃，不过当他改变了这一不良习惯后，他竟奇迹般地康复了。

这位病人是波士顿一家大公司的客户经理，第一次去见沙勒医师的时候，他整个人充满了紧张、焦虑的情绪而闷闷不乐。他工作繁忙，并且知道自己状态不佳，却又不能停下来，他需要帮助。

第七章　杠杆法则

"当这位病人向我陈述病况的时候,电话铃响了,"沙勒医师说道,"是医院打来的。我丝毫没有拖延,马上做了决定。只要能够的话,我一向速战速决,马上解决问题。挂上电话不久,电话铃又响了。又是紧急事件,颇费了我一番唇舌去解释。接着,有位同事进来询问我关于一位重病患者的种种事项。等我把一切忙完,我向这位病人道歉,让他久候了。但这位病人精神愉悦,脸上流露出特殊的表情。"

"别道歉,医师,"这位病人说道,"在这十分钟里,我似乎已经明白了自己哪些地方不对了。我要回去改变我的工作习惯……但是,在我临走之前,我可不可以看看你的抽屉?"

沙勒医师拉开抽屉,里面除了一些文具之外,没有其他东西。

"告诉我,你的待处理事项都放在什么地方?"病人问。

"都处理了。"沙勒回答。

"那么,待复信件呢?"

"都回复了。"沙勒告诉他,"不积压信件是我的原则。我一收到信,便交代秘书处理。"

几个星期后,这位客户经理邀请沙勒医师到他的办公室参观。他改变了——当然桌子也变了。他打开抽屉,里面没有任何待办文件。

"几个星期以前,我有两间办公室,三张办公桌,"这位经理说道,"到处堆满了没有处理完毕的东西。跟你谈过之后,我回来清除掉了一货车的报告和旧文件。现在我只留下一张办公桌,文件一来便处理妥当,不会再有堆积如山的待办事件让我紧张烦恼。最奇怪的是,我已不药自愈,再不觉得身体有什么毛病啦!"

可以说,杂乱无章的工作方式是一种恶习:你在自己的办公桌上堆

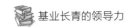

满了文件、资料，结果需要的东西找不着，不需要的东西一大堆，很多时间就白白浪费在查找一时找不着的东西上了。更糟的是，凌乱的东西会分散你的注意力。当你做着一件事时，眼睛不经意地扫过另一份文件，你马上又会想起，那份文件也在等着处理，于是你的注意力就被分散了。

如果你的办公桌上经常是文件、物品堆积如山，你就有必要花一点时间来整理一下了，在这个时候花上半天时间是很值得的。把你办公桌上所有与正在做的工作无关的东西清理出来，把立即需要办理的找出来，放在办公桌的中央，其他的进行分类，分别放入档案袋中或是抽屉里。这样做的目的是要提醒你，你现在应该做的是最要紧的工作。因为你一次只能做一项工作，所以你要把主要精力集中在这件工作上，不能让其他的工作影响你。

第三节　杠杆成就事业

在这里，我们不谈物理学的杠杆原理，我们看看在事业中，倍增成就的杠杆有哪些呢？

1. 第一个倍增成就的杠杆就是"时间杠杆"

时间，对于每个人来说都是最公平的。现在越来越多的"时间管理"课程兴起，就是因为人们越来越重视"时间杠杆"给生活、事业带来的倍增效应。那么如何找到"时间杠杆"呢？支点"策略"又是什么呢？

找寻"时间杠杆"的典型思路就是：撬动别人的时间来放大自己的

时间。沿着这样的思路，我们会发现有各种"时间杠杆"。

最普遍的传统做法就是雇佣员工。每人一天只有24小时，能做的事情有限。如果聘用了员工，而你把自己的时间用于管理员工，让员工使用他们的时间来创造工作成果，那么你自己的时间绩效就会被放大很多倍。

大部分经营公司的人都是在利用这样的杠杆策略。然而，对于普通人来说，这种方式有点遥远，因为这种杠杆需要巨额的"第一桶金"。

当今社会的电子商务分销体系，也算是这种"时间杠杆"的变形体。只要经营了用户网络，花少量的时间来维护，你的时间就会通过网络平台得以规模放大，给你带来数十甚至数百倍的收益。

那么这种杠杆的支点在哪里呢？这种杠杆的策略重点就在于组建团队，不管是线上团队还是线下团队。而且你必须找到那些有"相同愿景、一致目标、相同价值观"的人来组建你的团队，如此方可形成有效的时间杠杆。

2. 第二个倍增成就的杠杆是"金钱杠杆"

最常见的"金钱杠杆"就是"投资"。基金、股票、期货等，都属于金钱杠杆。金钱杠杆是一个比较典型的费力杠杆，因为大家都希望能够把资金回笼时间、创收时间缩短，且使收益足够大。因此，这就要求"动力"这个部分也就是"启动资金"必须足够多，否则也不会形成有效的杠杆效应。同时，撬动起来的如果不是"资产"，那也没有意义。那么什么是"资产"呢？资产需要满足几个条件：（1）资产是被动收入；（2）资产是循环收入；（3）资产可传承永续。

在使用"金钱杠杆"这个工具之前，你必须仔细分析投资项目中的收益预期以及可能遭遇的风险，其实最安全的方法是将收益预期尽可

能缩小,而将风险预期尽可能扩大,这样做出的投资决策才是最可靠的。这时,也给我们带来一个思考题,选择什么样的行业,才能够使我们以较小的风险、较多的收益撬起"资产"呢?

3. 第三个倍增成就的杠杆是"影响力杠杆"

罗伯特·西奥迪尼在他的《影响力》一书中提到了影响力的杠杆原理。

影响力是改变他人思想和行为的能力。影响力有两个基本的维度,一个是作品,一个是人际关系。好的作品加好的人际关系可以打造好的影响力。

影响力可以撬动他人的时间和金钱为你服务,放大你的努力,所以它本身就是一种杠杆。影视明星、行业领袖、企业高管等,都在使用影响力杠杆。如果你能够用影响力让若干自带杠杆效应的人为你服务,还可能形成集群杠杆,呈指数级倍增你的成就。

4. 第四个倍增成就的杠杆就是"方法和技术杠杆"

方法不对,努力白费。好的方法,可以提升做事效率,这就是方法杠杆。"磨刀不误砍柴工""事半功倍"这些都说明了好方法的重要性。

科学技术是非常强大的杠杆。日新月异的新技术随时都有可能诞生,而且新技术的商用周期已大大缩短,我们如何利用好新技术这一杠杆非常重要。

5. 第五个倍增成就的杠杆就是"产品杠杆"

好的产品是一家公司的灵魂,也是公司发展的载体。好的产品自己会说话,市场上口口相传的好口碑远比广告营销更加稳定扎实。

第四节 综合运用杠杆

沃顿商学院的明星教授亚当·格兰特非常推崇一本书——加拿大布赖恩·费瑟斯通豪的《远见》。在这本书中，他将个人职业生涯划分为三个阶段。

第一阶段（15年）：厚植实力，强势开局。

第二阶段（15年）：聚焦长板，大展身手。

第三阶段（15年）：维持影响，创建资产。

第一阶段是强势开局阶段。你在职业上的努力必须着重于为前方的漫长道路而装备自己。在这一阶段，你的学习、成长要比职位、职称更加重要。要为职业生涯打好基础并建立起良好的早期习惯，通过实践提升职场技能。要想厚植实力，就得有沃土，有了沃土方可深耕细作。沃土——行业选择、公司优势、优秀产品是支点，深耕细作（扎实的基本功、合理的技巧）是动力臂。

在第二阶段，如果你希望大展身手，达到高点，就必须和同伴深度合作，站在巨人的肩膀上。因此，系统平台和管理模式是支点。在这个支点下，才能够尽最大可能地放大时间效用。同时，在高效管理之下，可以提升影响力杠杆，从而吸引到事业中的合作伙伴和更好的人才。因此，这个时候需要产品、时间、影响力这三大杠杆协同作用，进而实现真正的几何倍增效应。这个阶段，方法和技术杠杆依然有用，这是夯实基础、取得长远发展的有力武器。

第三阶段致力于维持持续的影响力，以实现可持续发展的职业道路。因此要在第三阶段完成三个关键任务：培养接班人（人才复制）、

基业长青的领导力

保持关联性（永续利益），以及维持影响力（核心价值）。

到了维持影响力阶段时，一方面要维护系统，充分利用在此之前累积的一切资源，另一方面是要支持系统不断优化，让自己和系统融为一体。那么此时，支点就是自己，动力臂就是格局和领导力，而动力就是责任心和使命感。

按照这个理论逻辑，圆满完成这三大阶段需要45年。我们应当如何更好地完成这三大阶段的目标呢？

沃德精英商学院正是为了千千万万有理想、有抱负的有志之士提升领导力而诞生的。

沃德精英商学院是一片沃土，让种子得以顺利发芽。商学院致力于提升学员们的经营管理素养，为学员们打造国际化的、线上线下一体化的学习模式，以自各行各业的成功人士组成的强大师资力量，开设大量高品质课程，来为学员们带来更多的发展机遇。

在过去的几年里，沃德精英商学院每年都会组织学员们去常青藤名校学习进修，培养他们更高层次的格局和领导力，让"个人"这个最重要的支点，在系统强大支持之下屹立不倒，更加充分地发挥个人的内源性动力。

"道相同，心相通，力相聚，情相融。"在商学院的发展过程中，各路人马八仙过海，各显神通。众人拾柴火焰高。有了集体的智慧，有了一流的团队精神，这样的团队何愁不能在商战中，一路领先，百战不殆？

第八章　从复杂到简单

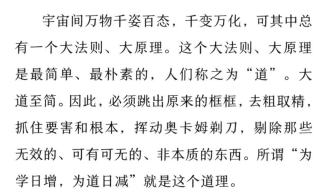

　　宇宙间万物千姿百态，千变万化，可其中总有一个大法则、大原理。这个大法则、大原理是最简单、最朴素的，人们称之为"道"。大道至简。因此，必须跳出原来的框框，去粗取精，抓住要害和根本，挥动奥卡姆剃刀，剔除那些无效的、可有可无的、非本质的东西。所谓"为学日增，为道日减"就是这个道理。

 基业长青的领导力

第一节　大道至简

孔子在为《易经》写的系辞中说:"乾以易知,坤以简能;易则易知,简则易从……易简,而天下之理得矣;天下之理得,而成位乎其中矣。"意思是,易是包含宇宙的一切规律,而这宇宙高深的规律却是最平凡的,最平凡的其实也是最高深的。当我们真正理解了这一基本原理,我们也就可以立于天地之间。

老子在《道德经》中说:"天下难事,必作于易;天下大事,必作于细。是以圣人终不为大,故能成其大。"天下的难事都是从容易的时候发展起来的,天下的大事都是从细小的地方一步步形成的。有智慧的人善于抽丝剥茧,从易入手,找到主宰事物的支点,把难事变成容易办的事,这就是圣人能做大事的原因。

在商业上各方面都要求简洁的平台,往往都是获利最多的。它们不仅有简洁的决策、计划机制和执行纲领,而且商业模式也简单明了,管理中复杂的环节被简化,烦琐的流程被取消,多层的层级被削减。

保持各方面工作的简洁，是成功平台的标志。

美国太空总署曾经遇到一个难题，怎么设计一种笔，既不用灌墨水，又能使宇航员在失重的情况下流利地书写。研究人员绞尽脑汁，也想不出好的办法，只好求助于社会公众。最终一个小女孩解决了这一难题，她建议试一试铅笔。

可以说，将复杂问题简单化是一种智慧。对于一个领导者来说，把企业错综复杂的事物通过分析、研究、判断，找出其规律，然后用最简单的方法去解决它，是能力和水平的体现。大凡成功的企业家大都神闲气定，能够四两拨千斤。而那些整天为琐细之事忙碌不停的企业家，其实只能称之为企业主。

杰克·韦尔奇说："你简直无法想象，让人们变简单是一件多么困难的事情。他们恐惧简单，唯恐自己一旦变得简单就会被人说头脑简单。而事实正相反，那些思路清晰、有能力有成就的，正是最简单的人。"

真正意义上的简单，实际上是复杂后的凝练。只有在复杂中淬炼过后的简单，才是真正意义上的智慧。

第二节　无为而治

"无为而治"是一种大智慧，领导力的最高境界是"无为而治，大智若愚"。这并不是说领导者什么也不做，而是要靠组织内的个体自我实现"无为而无不为"，靠个体的自治实现"无治而无不治"。"无为"能让领导者的管理更加有效，"无为"不仅仅是一种哲学的概念，还可以用科学的工作方法来达到这种状态。它是一种非常高的管理境界。

基业长青的领导力

管理者将日常事务的决策权下放，充分调动下属的工作积极性，组织实现自组织化，员工进行自我管理，管理者致力于确定组织的未来方向与战略方针，营造组织的大环境，协调外部资源等。貌似"无为"，实则需要更加有为。

巴菲特的导师，20世纪最伟大的投资人之一查理·芒格曾经说过："把简单的事情搞复杂，这只能称为平庸，将复杂的事情变简单，这才是创造力。"回望工业时代，通用电气的前CEO杰克·韦尔奇，这位商界传奇人物和管理创新大师，在任期20年间，使通用电气的市值增长30多倍，达到了4500亿美元，成为全球市值第一的公司。他提出了振聋发聩的管理思想精髓——"管理越少，效果越好"。

简单蕴含高效、易执行甚至颠覆性的力量。如今很多企业复杂当道：公司管理部门太多，程序太过复杂；上下级间没有直接的沟通渠道；管理者缺乏降低复杂度的能力；员工只能墨守成规，害怕改变。这大大制约了企业发展，导致企业每况愈下。提升认知，降低复杂度，把握规律，深入本质，关注核心因素，去掉烦琐累赘，整合精简创新，通过简化日常管理流程、运营流程、产品服务流程、企业决策流程，才能激活企业潜力，提升竞争力和盈利能力。

1. 简化日常管理

简化日常管理包含工作优先排序、简化会议流程、简化沟通方式、简化管理报告等。世界头号日化企业宝洁公司的前任总经理，理查德·德普雷非常厌恶任何超过一页的备忘录。因此，宝洁公司有一条原则，他们称之为"一页备忘录"。这是宝洁多年来管理经验的结晶。

2. 简化运营流程

德国最大的连锁超市阿尔迪，只经营约 700 种最常购买的商品，一切从简。从商品、陈列、促销等经营层面，到组织、人力、流程等管理层面，所有的环节都依照简单原则运作。2006 年，推崇一站购足、一个门店的单品数量可能超过了 20 万的巨头沃尔玛进入德国，与阿尔迪展开激烈竞争。结果是沃尔玛在亏损数亿美元后惨烈退出德国市场。阿尔迪成功的核心原则就是简单至上的管理思想。白手起家的创始人两兄弟只通过短短几十年便成为德国首富，家族身价达 361 亿美元。

3. 简化产品

苹果公司 iPhone 系列的成功也源于其简单好用。乔布斯将最尖端复杂的科技，转化为最简单的操作。他眼里"疯狂的简洁"远不止外观设计，而贯穿于整个苹果公司的研发生产、市场营销和经营管理全流程。微信之父张小龙信奉一句话："我们喜欢简单，因为上帝创造宇宙的时候，他定下来的规则也非常简单。"我们为什么要把很多事情复杂化？张小龙的观点是：我们只做一件事情，一个产品只能有一个定位，或者只有一个主线功能，产品规则越简单越好，把自己当作一个傻瓜来设计产品。如今的微信，每月活跃用户数达 10 亿，彻底改变了中国的社交媒体和许多人的生活。张小龙的产品有着最简单的操作方式，他也因此被誉为中国最伟大的产品经理。

4. 简化企业决策

马斯克堪称当代跨越多个领域的伟大企业家。从在线支付到新能源

基业长青的领导力

汽车、超级隧道、太阳能、航天技术、火星移民,他的业务范围跨度非常之大。他透露他的成功魔法在于第一性原理思维,他对项目的决策判断标准是:这件事情在物理层面上行得通,就从最核心的问题开始着手,然后一步步解决它。舍弃犹豫,不被繁枝末节影响,直击核心,简化决策。马斯克的追梦道路虽然跌宕起伏,但结果最终将神话变成了现实。他不愧为乔布斯后又一个伟大的创新领袖。

简单可以成就高效。在信息爆炸的时代,人们的记忆和思维能力是有限的。越来越多的企业和个人,运用奥卡姆剃刀原则,来达成高效的工作和生活。简明扼要地解释这个思维法则就是,"如无必要,勿增实体"。

温斯顿·丘吉尔说:"极度的简单来自于极度的复杂。"这句话和道家哲学的大道至简有异曲同工之妙。

复杂容易使人浪费时间、精力甚至迷失方向,只有简化后才利于人们的理解和操作。简单是复杂的最终形式。我们的思维方式一般会从简单走向复杂,再从复杂走向简单。这也是领导哲学的一般演进过程。

一位领导者在刚刚走上领导岗位的时候,可能自己都很迷茫。很多领导者一开始是单凭自己的一技之长,糊里糊涂地坐上了这个位置。虽然组建了团队,但团队连一个清楚的愿景都没有。时间久了,本身的那一技之长可能已经无用武之地,这时领导者就会陷入迷茫,不知道接下去应该怎样继续带领团队。由于迷茫,往往开始舍本求末,想把自己的一技之长发挥到极致,其结果反而把事情复杂化了,从而丢失了原有的目标。长久下去,团队成员就会迷失了方向和动力,团队就会出现很大的危机。

成为一个真正的领导者,并不能仅凭自己的一技之长就去带领团队。随着团队的发展和壮大,团队对于领导者的要求也会不断提升。所以,领导者自身必须要不断提升自我。

那么当领导者面临变化多端、错综复杂的局面时,该如何提升自我能力,以去匹配当下的局势呢?

首先领导者需要有明确的愿景和清晰的目标。这样就可以把复杂的事情简单化。简单说来,可以通过思考以下三个问题来完成:

为什么——这是核心,组建团队的目的是什么?有明确的愿景吗?当有了愿景,那么发展的方向就会清晰。这样,团队成员就可以了解到,他们所从事的这个事业是为了什么而存在的,也可以明确自己的位置和需要承担的责任。

要什么——要完成这个愿景,需要的条件是什么呢?通过和核心成员进行讨论,把这些条件逐一罗列出来。这样就能清楚地知道达成目的所需要的资源。相应地,大、中、小目标也就可以一一排列出来。大成功是由很多小成功累积出来的。那么,大目标也就是由很多的小目标堆积而成的。

怎么做——有了清晰的愿景和明确的目标,接下来就是策划具体的步骤并进行合理的人员安排。当团队中每一位成员都能发挥自己所在岗位的作用,那么实现目标就是指日可待的。同时每一步都需要做及时的总结和反思,及时调整步调和方向,这样才能保证团队始终在正确的轨道上。

要在企业上下形成利益共同体。有福同享,有难同当,团结一心,发挥整体竞争力。团队精神的核心是合作、团结、信任、协调、参与和敬业。在集体奋斗中强调发挥个人才智，拧成一股绳，提高执行力，鼓励团队成员提升自我能力，从而全面增强企业竞争力。

第三节　简单是终极的复杂

在我们的生活中，是不是经常遇到这样的事情？

场景一：预约了投资人在某个购物中心新开的咖啡店聊项目，你准时到达了购物中心去找咖啡店，但是购物中心里的地图抽象而模糊。你崩溃地试图靠自己的直觉去找，结果寻找了半天也没有找到，最后急得满头大汗，还是靠最原始的方法——询问工作人员，才找到了目的地。

场景二：你激情饱满地向潜在投资人展示着公司诸多项目的远景蓝图。但是对方只有30分钟，你必须分秒必争。结果时间到了，你却还有很多的重点没有提及。

场景三：你的企业市场开发团队，每天都要花费2~3个小时进行内部会议。大家从刚开始的积极参与，踊跃发言，渐渐变成为了开会而开会，而作为领导者的你也疲惫不堪。

不熟悉的领域、陌生的环境、过多的目标规划，以及冗繁的运作程序，甚至复杂的人际关系，都会导致企业团队内部沟通不畅，外部与客户对接的难度加大，且在紧急问题处理方面显得笨拙而毫无时效性，完全没有能力去应对瞬息万变的市场。

导致这些问题的原因在哪里呢？

其实，这需要领导者学会从复杂的系统中简化一切，程序的清晰明了会带来效率的提升。

查理·芒格说过："把简单的事情搞复杂，这只能称为平庸；将复杂的事情变简单，这才是创造力。"在面对陌生环境或领域的时候，提前做好功课固然非常重要，迅速提炼出重点，并在最短的时间内理清个中关系，进而绘制出战略思维导图是更重要的事情。

回到第一个场景，有经验的人会提前一天勘探场地，记住途中重要的路标。如果没有时间去实地考察，那么就要学会借用身边一切的资源，向熟知该环境的人去咨询，并获得有用信息，这是最简单而明智的方法。

对陌生环境的简化能力，能帮助我们在不清楚周围环境与解决路径的情况下，最快理清思路。在不熟悉的环境中，链接我们所熟知的人、事、物，整理好清晰的思维路线，并将任务分解成若干单位，并逐一解决。简单说来，即吸收—分解—合成。

因此，第一个场景的核心是：记住我们的目标，针对目标进行分解、简化，寻找对应的人才和资源解决问题。

第二个场景所存在的问题是什么呢？就是设立了过多的目标。

很多初创公司，都会给自己描绘无比辉煌的蓝图。描绘过多的目标，这会让听者丧失重点，无法明确其价值，预测其风险，评估其潜力。其实，无论是商业谈判，还是团队管理，最忌讳缺乏重点的陈述，"样样都重要"的错觉会让对方产生巨大的迷茫。而叠加的信息、累赘的陈列，只会增加双方的疲惫感，最终导致丧失机会。

清晰明确公司、团队愿景以及未来具体的规划，精准定位自己的核心竞争力，如此才能准确对接所需要的专业人才、商务资源，并确定

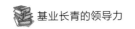

相应的商业战略、战术。

简单的秘密在于让自己的思维变得清晰而富有力量。

而第三个场景,当冗繁的程序化过程过多地融进日常工作时,会消耗掉团队最重要的激情,磨灭思维有效的交流与碰撞。程序之所以会变得复杂,是因为掌握了过多的信息却不知提炼,不分轻重。当你面对一件事情,发现全部信息都重要,都无法删减的时候,这可能恰恰表示,你对目前局面的掌控力不够。

与其花费时间开冗长的会议,不如先让自己静下来,明确自己的目标,了解可使用的商业资源有哪些,与自己的核心骨干一起制定好系统性的运作方式。

行之有效的系统运作方式,势必会让每一位参与其中的人员感到规范、简单且容易复制,并拥有无限创新的可能。大道至简在于规则简单,易成方圆,并让每个人都拥有创新的力量。

今天,数字时代下信息量的暴增会将很多问题复杂化。简单成了一种新时尚,高效处理信息的能力、有效的沟通、程序的简单可复制化、系统过程的透明公开,这些都是当今企业和创业团队需要铭记于心的。

第四节　及时更新你的"心灵地图"

更新陈旧的"心灵地图"对于每一个人来说至关重要。时代在变,社会在变,环境在变,人的思想观念也应该跟着变。举个例子来说,如果有人还使用几年前的地图,恐怕就会找不到回家的路。很多人,他们之所以感到困惑,感到焦虑,甚至迷失,就在于他们仍然使用着过去的"心灵地图",仍然沿着旧有的生活轨道走路,以这样的方式来生活无疑会使自己陷入泥淖。

每一个人从童年开始,经过长期的努力和思索形成了一个认识世界的有效"地图",我们按这幅地图去寻找自己前进的道路。如果这幅地图画得精细而又准确,我们就能够顺利到达目的地。如果这幅地图画得不对、不准确,我们就无法做出正确的决定。有时,我们会被一些假象所蒙蔽,因为我们的地图都是错误的、不明晰的,我们将不可避免地迷失方向。我们不可能一辈子就带着这一幅一成不变的"地图",我们应该不断地描绘它、修改它,力求准确地反映客观现实。刘禹锡的诗云:"流水淘沙不暂停,前波未灭后波生。"我们必须要花时间、花精力去观察客观现实,这样画出来的"地图"才更加精确。然而,许多人过早地停止了描绘"地图"的工作,他们不再汲取新的信息,不再吸收新的思想,而自以为自己的"心灵地图"完美无缺。这些人的人生之路往往是不幸的,而且是可悲的。只有幸运的少数人能自觉地探索现实,永远扩展、冶炼、筛选他们对世界的理解,他们的内心世界也会丰富多彩。所以说,我们要不断地修改这幅反映现实世界的"心灵地图",要不断地吸取世界的新信息。如果新信息表明原有的"地图"已经过时,这时就要不畏修改"地图"的艰难,勇敢地进行自我更新。

许多有心理障碍的人常常抓住"旧图"不放,拼命抵抗修改"心灵地图"的过程,对于现实的新观念和新信息置之不理,企图要求客观世界的变化发展符合他们的旧图。因为他们害怕修改"心灵地图"的痛苦,竭力逃避现实,生活于旧有的版图之中,结果由于不能适应社会的现实而更加烦躁和不安。所以,我们在生活中思想不能因循守旧,

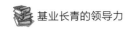

"心灵地图"中许多已经陈旧的东西,我们要及时更改和替换。如果每个人的"心灵地图"是全新而又精确的,那么他们的人生之路就会阳光明媚,晴空万里。

第五节 挣开心灵上的束缚

在成长过程当中,你是否感到有很多肉眼看不见的枷锁束缚着你?而你也就自然地将这些枷锁当成习惯,把它们视为平常的事。

就这样,我们的精神被这些枷锁束缚着,勇气被遏制,创造力被抹杀,然后,我们开始向环境低头,甚至于开始认命、怨天尤人。实际上,这一切都是我们心中的枷锁在作祟。或许,你必须耐心静候生命中来一场大火,逼得你非得做出选择挣断枷锁。在挣脱枷锁、突破困境之后,你才发现这些所谓的枷锁不过是你内心中的执念罢了。

当然,你还有一种不同的选择。你可以当机立断,运用我们内在的能力,在当下做出决定来挣开消极习惯的捆绑,改变自己所处的环境,投入另一个崭新的积极领域中,使自己的生活得以改变。

你是愿意静待生命中的大火,甚至甘心遭它席卷而低头认命呢?还是愿意即刻在心境上挣开环境的束缚,获得追求成功的自由呢?在这两者之间做出选择其实很容易,最怕的是我们没有勇气去打破已有的格局。心理学家经过分析以后,归纳出精神上的枷锁主要有以下几种:

1. **"注定会失败"的枷锁**。为了摆脱"注定会失败"的枷锁,你需要改变思想,换"脑筋"。其实完全没有必要害怕失败。在相对合理的目标下，通过努力大多都是可以达成目标的。即使往最坏的地方想，失败了又能如何，又不是世界末日！想看到美好的风景总是要经历曲折的。对于理想的目标来说，这些曲折，值！失败并不可怕，可怕的是因为害怕失败而不敢开始。所以，你就大胆地往前走！

2. **"别人会怎样想"的枷锁**。开始做某件事之前，许多人都会想，"别人将会有什么看法呢？"这的确是一种普遍的而且极具杀伤性的心理状态。这种以"别人"为念的想法是一种强而有力的枷锁。它会破坏你的创造力和人格，而且会把你原有的能量都耗尽，使你停滞不前。为摆脱这种枷锁，你不妨想一想，"别人"并不是"先知先觉"，他们往往是"事后诸葛亮"。你应该记住：走自己的路，让别人去说吧！

3. **"过去错误"的枷锁**。很多人都害怕再次尝试，因为他们曾经失败过很多次，而且受创很深，正所谓"一朝被蛇咬，十年怕井绳"。可是，对每一位有志之士来说，他都必须辩证地看待过去所犯的错误，从而再求突破，再创佳绩。如果你能将自己的失败经历看成是非常有价值的教育投资的话，那你的失败就无损失可言了。所以，你完全不必把"过去的错误"看得太重。爱迪生发明灯泡的时候，失败了8000多次。有人讥讽他说："你失败了8000多次，真了不起！"爱迪生却坦然地说："先生，你错了，我只不过是证明了7600多种材料不适合做灯丝而已。"

4. **"已为时太晚"的枷锁**。很多人相信自己现在努力已经太晚了，局势已无法挽回，所以对未来完全妥协，逆来顺受地熬日子。

基业长青的领导力

这种"已为时太晚"的枷锁束缚了很多裹足不前的人。为了戒除这种"已为时太晚"的枷锁,你就要多观察那群在生活中的活跃人物,而不去理会"年龄的限制",并且下定决心,不断奋斗。所谓"春蚕到死丝方尽,蜡炬成灰泪始干",奋斗与年龄无关,重新开始永远为时不晚。

了解了这些枷锁,你就可以知道:你的头脑到底是被什么所限制、是什么使你没有勇气去改变自己的生活。

第六节 莫靠怀念过去来逃避现实

发表在《前沿》杂志上的一项研究显示,怀旧有助于战胜孤独感。还有论文表示,怀旧可以带来稳定的力量。研究者们发现怀旧可以通过增强社会联系感来促进个人的自我连续性。"它可以提醒我们,我们拥有一个与自己身份深深交织在一起的强大记忆储藏室。"

大量的研究表明我们不是记忆的被动观察者,而是在每次检索它们时都会重新构造它们。也就是说,我们怀念的并非全然客观的现实。

学者艾伦·赫什在他的论文《怀旧:一种神经精神病学的理解》中说,"怀旧是对理想化的过去的渴望,这在精神分析中被称为屏幕记忆——不是对过去的真正再现,而是将许多不同记忆整合在一起,在这个过程中,所有负面情绪都被过滤掉了。"

一个人适当怀旧是正常的,也是必要的,但是因为怀旧而否认现在和将来,就会陷入病态。过多的怀旧、逃避现实和进取的人生是背道

第八章 从复杂到简单

而驰的。

靠怀念过去来逃避现实,的确是一种无益的习惯,其结果往往是使人逃避成熟的思考,而进入一种虚无缥缈的幻想境界。

一个春天的上午,在伦敦的一家中国餐厅里,罗伯特在等待他的朋友,他感到很消沉。由于他的工作不顺利,一项重要的项目被他搞砸了。即使在等待见他最要好的朋友时,也看不到他有快乐的表情。

他的朋友终于走过来了,他是一名了不起的精神病医生。医生的诊所就在附近,罗伯特知道那天他刚刚和最后一名病人谈完了话。

"怎么样,年轻人,"医生不加寒暄就说,"什么事让你不痛快?"对医生这种洞察心事的本领,罗伯特早就不意外了,因此他就直截了当地说了。然后,医生说:"来吧,到我的诊所去。我要看看你的反应。"

医生从一个硬纸盒里拿出一卷录音带,塞进录音机里。"在这卷录音带上,"他说,"记录了三个病患找我咨询时所说的话。当然没有必要说出他们的名字。我要你注意听他们的话,看看你能不能找出他们三个谈话的共同点,只有4个字。"他微笑了一下。

在罗伯特听来,录音带上这3个声音共有的特点是不快活。第一个是女人的声音,说她出于照顾寡母的责任,以至于一直没能结婚,她心酸地诉说她错过了很多结婚的机会。第二个是男人的声音,他遭到了某种生意上的失败。第三个是一位母亲,因为她十几岁的儿子和警察发生了冲突,她一直在责备自己。

在3个声音中,罗伯特听到他们一共6次用到4个字:"如果,只要"。

"你一定大感惊奇,"医生说,"你知道我坐在这张椅子里,听到成千上万次用这几个字作开头的内疚的话。他们不停地说,直到我要

他们停下来。有的时候我会要他们听刚才你听的录音带,我对他们说:'如果,只要你不再如果、只要,我们或许就能把问题解决掉!'"医生伸伸他的腿。"人们经常用'如果,只要'这4个字描述问题,"他说,"但这几个字不但不能改变既成的事实,却使我们面朝着错误的方面,向后退而不是向前进,并且只是浪费时间。最后,如果你用这几个字成了习惯,那这几个字就很可能变成阻碍你成功的真正障碍,成为你不再去努力的借口。"

"现在就拿你自己的例子来说吧。你的计划没有成功。为什么?因为你犯了一些错误。"

"你怎么知道?"罗伯特辩护地说。

"因为,"医生说,"你没有脱离过去式,你没有一句话提到未来。从某些方面来说,你非常诚实,你内心里还以此为乐。我们每个人都有一点不太好的毛病,喜欢一再讨论过去的错误。因为不论怎么说,在叙述过去的灾难或挫折的时候,你还是主要角色,你还是整个事情的中心人……"

医生告诉罗伯特,他患上了严重的"怀旧病",而采用"如果,只要"这类字眼是"怀旧病"的重要特征。

事实上,当你不厌其烦地复述往事,诉说着过去如何如何时,你可能忽略了今天正在经历的体验。把过多的时间放在追忆上,这会或多或少地影响你的正常生活。

每个人都应当谨记:昨天就像使用过的支票,明天则像还没有发行的债券,只有今天是现金,可以马上使用。今天是我们轻易就可以拥有的财富,无度挥霍当下,是一种对生命的浪费。我们需要做的是尽情地把握现在。过去的事情再美好抑或再悲伤，那毕竟已经是过去的了。如果你总是因为昨天而错过今天，那么在不远的将来，你又会回忆起今天的错过。在这样的恶性循环中，你永远是一个迟到的人。

我们不能抛弃回忆，可是我们也不能做回忆的奴隶。在心灵的一个角落里，会珍藏着我们走过的路上种种的喜怒哀愁、酸甜苦辣。但是我们要把更广阔的心灵空间，留给现在，留给今天。

观念决定行动，思路决定出路。所以，如果你想要获得好的结果，就必须严格控制你的思想，必须严格控制进入你头脑中的东西，你必须使自己的头脑充满积极的、健康的、催人奋进的、鼓舞人心的东西。事实上，假如你要改变自己，改变生活，就要做一个"对当下感到饥渴的人"。

你的大脑如同一台电脑，你给它输入什么样的程序，它就会输出什么样的信息。没有意识做先导，人就不可能有具体的行为。控制思想，就要明白自己想要什么，不能要什么，这是认识问题。然后再弄清楚，怎样拒绝不能做的事，强制自己专注该做的事，这是方法的问题。最后再掂量一下，自己做了会如何，不做又会如何，这是建立毅力的前提，是由控制思想向控制行为的过渡。

在快速变迁的时代，我们的思想认识必须要上升一个层次。事实上，我们的内心世界也在环境中不断变更。精神上的自觉来自于丰富的内心世界。只有一个不断吸取新鲜理念的人，他的精神面貌才会焕然一新，时刻散发着活力。

有一则关于哲学家欧斯本斯基的故事。为了研究意识的性质，欧斯本斯基服下某种药物。在这种药物的强烈影响之下，他突然明白了自己发现了生命的秘诀,这个简单的秘诀已经在他的潜意识中潜伏了一辈子,现在终于被药物发掘了出来。他急忙拿起一支铅笔,把这个奇妙的成功公式记了下来,然后陷入沉睡之中。等到他一觉醒来,完全恢复了神智,他立即去检查那张纸。这张纸上写着:"思考……新的领域。"

事实上,每一个人都可以做到这一点:在新的领域内进行思考,并大胆行动。重新检讨自己以前的观念和想法,不要满足于现有的事实,扩大你的思考范围和观念界限。换句话说,就是改变你的思想观念。

我们所有的行动与情绪都是和我们的思想一致的。你认为你是怎样的人,你就会采取怎样的行动。认为自己是"失败者"的人,你将会走上失败之路;认为自己"运气不佳"的人,总是会设法证明他自己的确是"坏运气"的受害者。

思想是人生的基石。所以,我们要时刻对外部世界保持开放的心态,以让新理念来洗刷我们的大脑,进而支配我们的行动。如果我们不这样做,我们将会失去信息资源和机遇。

比之锁链和监狱,思想更能够限制人,所以,解放思想才能够真正解放人。要大胆,不要束缚住自己的手脚,我们每一个人可以放开思想去追求新的理念。成功和幸运的人一般都是大胆的,反过来勇气也会帮助你得到好运。

理念是一种强大的精神力量。它可以挖掘出我们自身所具有的潜力:精力、技能、判断力、创造力,以及由此而散发出的个人魅力。通过个人魅力,我们可以吸引和凝聚意料之外的资源。

一个人的生活罗盘经常失灵,日复一日,有多少人在迷宫般的、无法预测也乏人指引的茫茫人生之路中失去了方向，他们不断触礁。可是也有不少人技高一筹，安然度过每天的挑战，平安抵达成功的彼岸。为了维持正确的航线，为了不被沿路上意想不到的障碍和陷阱困住或吞噬，你需要一个可靠的内部导航系统。这种内部导航系统就是一个人的思想核心，就是用理念组装起来的一个有用的罗盘，为你在人生之路中指引出一条通往成功的康庄大道。可悲的是，太多人从未抵达终点，因为他们借助失灵的罗盘来航行。这坏掉的罗盘可能是扭曲的或被蒙蔽的价值观，或是未能设定清晰的目标。这种坏罗盘的类型简直不胜枚举。聪明人会善用罗盘，选择可靠的路线，避开危险的暗流，坚定地向前行进，安抵终点。

第七节　归零心态

一个杯子满了，只有把杯子倒空，才能装入新鲜的水；爬上一座山坡，看着远方的高山美景，心向往之，要想达到目的，只能走下山谷，重头再爬。因此，人生要学会适时归零。

归零心态是我们不停进步的动力，满招损，谦受益，只有保持不满足之心，保持孜孜不倦之心，时时刻刻以归零的心态去学习，我们才能不断得到提高。谦谦之心，不耻下问，以低姿态向术业有专攻的人请教，如海纳百川，日积月累，终有一天能汇成浩浩汤汤如北冥之海的知识海洋。虽不至于立功、立德、立言，但足以让我们明辨是非，而能更好地自立于人世间。

归零心态更是一种人生豁达的态度，不为过往名利所累，不为昨日

名誉所缚,更不为以前失败所影响,统统都让它归零。我的人生我要做主角,每一天都是新的一天。

我们没有能力挽留过去的岁月,过去已成为历史;展望未来,未来却又是一个未知数。你不妨将心态归零,不让过往的阴霾或荣耀牵掣今日的脚步。人的心好比是可盛水的玻璃瓶,盛满清水后仿佛满了。但这不是人心最终所要达到的形态。其实,能够溶解在其中的物质还有很多。这些物质就有如我们需要吸收的新的、有益的知识。当我们以归零心态去面对这个变化越来越快的世界时,我们就会抱着一种学习的态度去适应新环境,接受新挑战,创造新成果。为了生存、发展,就需要让自己时时处于归零的状态(空杯心态),去溶解更多的"物质"。归零心态不是简单的忘记,而是让自己以平和的心态去接纳更多的声音、谏言。

我们还倡导以归零的心态做事,这就是要求我们每一个人在各自的岗位上做好本职工作,练好基本功。俗话说:磨刀不误砍柴工。"磨刀"就是练基本功,是一种心态归零的过程。以归零的心态做事,就是要求每个人把自己远大的人生目标起步于微小处,做一行,爱一行,精一行。以归零的心态做事,就是要有一股创业精神,要有一种艰苦奋斗的心理准备。

第八节　敢于冒险才有可能成功

如果你能找到一种方法,每天都能进行一种冒险(这种冒险可以是你去做一件以前绝不敢想的一件小事,比如换个时髦发型),你会发现你的生活会变得更有意义，你也会对新事物更有兴趣。总之，冒险、尝试、探索都是为了让你的人生更加丰富和饱满。

莎士比亚说："宁可让鲨鱼吃掉，还落得个勇敢的称号，比起像粪土一般让蛆虫吃掉要有价值得多。"风险与机遇永远是同在的。风险的背后通常暗藏着机遇，机遇中也总是充满了风险。冒险便能够抓住机遇，获得成功。可是冒险不是瞎闯蛮干。因此我们要把"胆"和"识"结合起来，才会成功。没有"识"，就是莽夫；没有"胆"，那便是懦夫了！

一个成功者的一生，必定是一个与风险搏斗的一生，除非不干事业，干事业则必有风险。廉·丹佛说："冒险意味着充分地生活。一旦你明白它将带给你多么大的幸福和快乐，你就会愿意开始这次旅行。"

哈代是爱迪生的一位朋友。在爱迪生发明了电影以后，哈代也从电影胶片的片盘中得到启发，他产生了一个新的念头，那就是让胶片上的画面一次只向前移动一幅，以便让教师能够有充足的时间详细阐述画面所反映的内容。他决定放弃稳定的工作，去研究这一想法。后来，哈代又成功地实现了让画面与声音同步进行的目标，从而创造了真正的视听训练法。

那么，哈代是不是有必要非得去冒险呢？他本来可以继承父亲在芝加哥的报业，本可以拥有一份稳定而又保险的记者工作，但他没有。有人认为他非常愚蠢，因为他放弃了有把握的东西。当人们被无声电影的神奇所吸引时，当朋友们告诉他人们不愿意再坐下来看那些一次只能移动一幅的图画时，他并没有惧怕失败，而是回答说："我仍然要去冒这个险"。

基业长青的领导力

今天,哈代已经被公认为"视听训练法之父"。正是敢于去冒那种考验信念的风险,他才发明了许多有效的训练方法,从而使许多人受益。

除此以外,哈代在另一领域的冒险精神也很值得一提。在他的一生中,他不仅在陆上,而且在水中也成就斐然。他曾经两度入选美国奥运会游泳队(两次时隔20年之久),他曾经连续三届获得"密西西比河10英里游泳马拉松赛"的冠军。他几乎天天都坚持游泳,或是在湖泊,或是在大海。取胜的信念已经深入他的内心,他对提高速度简直着了迷。

哈代决心在游泳方面做出改革,然而当他把想法告诉游泳冠军约翰·魏斯姆勒时,却遭到了嘲笑。后者认为在水里冒险简直太危险了,何况澳式爬泳早已确立、定型,不需要做任何改动。另一位游泳冠军杜克·卡汉拉莫库也告诫他不要去冒险,否则可能被淹死。但哈代却对他的游泳同行说:"我就是要冒这个险去试一试。"

哈代再次鼓起勇气,决定去冒这个考验他信念的风险。他把长期以来一直固定不变的爬泳姿势在方法上做了大胆的改进,使之更加自由和灵活:游泳时头朝下,吸气时把脸转向一侧,当脸回到水下时再呼气。这样,划水一周所需要的时间缩短了,游泳速度也就提高了;而哈代本人也并没有被淹死。他挑战传统爬泳的标准姿势,从而发明了新式自由泳,这种泳姿一直延续到今天。

哈代也因此被誉为"现代游泳之父"。

茫茫世界风云变幻,漠漠人生沉浮不定,而未来的风景却隐在迷雾中。向那里进发,有坎坷的山路,也有阴晦的沼泽,深一脚浅一脚,虽然有危险,但健康的冒险却是在有限的人生道路上通往成功与幸福的捷径。

第九章　统合综效

　　每年秋天，大雁都要往南飞，一会儿组成"一"字形，一会儿排成"人"字形。你想过没有，这是为什么呢？这是因为，一字形或人字形编队飞行更省力。大雁扇动翅膀，会在后方带起一股上升气流。因此，紧跟着的后雁就可以飞得更快、更省力。带队的头雁累了，后雁就会接替它的位置，轮流带队飞行。据科学家分析，以人字形或一字形编队飞行的雁群，比单只大雁的飞行距离要长73%，这就是自然界的统合综效。

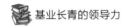

第一节　掌握万物生长的法则

俗话说,"人多力量大"。其实,在群体组织的实验中,并不会必然得出 1+1 > 2 的结果。德国科学家瑞格尔曼的拉绳实验能告诉我们这一点:

瑞格尔曼把参加测试的人分成四组,每组人数分别为 1 人、2 人、3 人和 8 人。他要求各组用尽全力拉绳,同时用灵敏的测力器分别测量拉力。测量的结果出乎人们的意料:2 人组的拉力只为单独拉绳时 2 人拉力总和的 95%;3 人组的拉力只是单独拉绳时 3 人拉力总和的 85%;而 8 人组的拉力则降到单独拉绳时 8 人拉力总和的 49%。

组建团队的目的就是要发挥团队的整体威力,使团队的整体大于各部分之和。而拉绳实验却告诉我们:1+1 < 2,即整体小于各部分之和。这一实验结果向传统"人多力量大"的观念发出了挑战。

在一个团队中,只有每个人都最大限度地发挥出自己的力量,并与团队目标保持一致,才能发挥团队的巨大威力,产生出整体力量大于各部分之和的协同效应。那么,到底是什么因素影响了团队整体力量的发挥呢?

实际上,影响团队成员表现的因素有很多,只有把每一个方面、每一个环节都做得非常完善,才能保证团队力量的发挥。相反,如果团队建设中的一些小事、一些细节做不到位,都会影响团队成员的积极性,进而影响团队整体的威力。这也是汪中求先生在《细节决定成败》一书中强调的理念。一个团队要实现整体力量的发挥,应该注意以下三个方面。

第一,机制公平。团队中的每一个成员都会要求公平。公平可分为程序上的公平和结果上的公平。一般来说,程序上的公平比结果上的公平更能对团队成员产生影响。比如,在百米赛跑中,在公平的比赛机制下,人们只会向自己而不会向别人抱怨没有跑第一。但如果参赛者没有站在同一起跑线上,那么人们就会对结果是否公平产生异议。程序上的公平,是要给人以平等的机会。而结果上的公平,是要给人以平等的结果。在满足程序上公平的前提下,结果上的不公平只是表明个人的能力以及努力程度的不同。如果程序上不公平,那么就会导致秩序混乱。所以,相对而言,程序上的公平比结果上的公平更重要。如果不注重程序上的公平,而只追求结果上的公平,则会影响业绩突出的团队成员的积极性,进而影响整个团队的绩效。当然,如果只追求程序上的公平而忽视结果上的公平,同样也会产生很多问题。

第二,绩效评价体系公平、透明。绩效评价虽然看重的是整个团队的绩效,但因为团队绩效是每个成员协同努力的结果,所以组织者必

须重视团队成员个人的作用。基于此,一个团队需要有一套公平、透明的绩效评价体系,对每个成员的绩效做出评价。如果团队评价体系不够透明,或者不够科学,就会影响团队成员的积极性,进而影响整个团队的绩效。可以想象,如果不对团队成员的个人努力做出科学评价,团队中就会有人像南郭先生那样滥竽充数,不仅不能为团队建设做出贡献,反而还会影响其他团队成员的积极性。

第三,人际关系氛围良好。著名社会学家费孝通先生在谈到人际关系的时候,对中国社会的人际关系曾作了一个形象的比喻,他说:"中国的人际关系就像一块石子扔到水里一样,溅起好多好多的波纹,一圈一圈的波纹向外扩散,由近及远,互相交错,利益关系复杂"。这个比喻非常形象。如一个只有三个人的小单位,会构成一种简单的三个人的人际关系;如果增加一个人,就会相应地增加三种人际关系,加入的人越多,那么形成的关系也就越复杂。因为每一个人都像投入水中的石块一样,以自己为中心,形成一圈一圈的波纹似的由亲而疏的关系网,在相互交错中形成错综复杂的关系。复杂的人际关系会对团队绩效产生很多负面的影响,原因是团队成员在人际关系方面耗费的精力太多了。毕竟人的精力是有限的,花费过多的精力在人际关系方面,那用在工作上的肯定就少了,这样一来就必然会影响团队整体绩效。所以,团队一定要创造一种和谐的人际关系氛围,使团队成员可以在简单的人际关系中,轻松而又积极地工作。

解决好以上三个问题,团队的成员就能协调一致地行动,减少或避免产生内耗,产生整体大于部分之和的协同效应。因此,人多未必力量大,只有形成了团队,才能产生强大的力量,从而达到共赢的局面。

第二节　统合综效的秘密

统合综效这个概念最初由史蒂芬·柯维在他的畅销书《高效能人士的七个习惯》中提出。在书中他是这样描述的：

"统合综效就是整体大于部分之和，也就是说各个部分之间的关系也是整体的一个组成部分，但又不仅仅是一个组成部分，而是最具激发、分配、整合和激励作用的部分。"

而统合综效的最佳效果是激发参与者的创造力，使事情向着1+1远远大于2的方向发展。要想达到统合综效，需要有以下几方面作为坚实的基础：

第一，尊重个体差异，即尊重人与人在智力、情感、经历、成长环境等方面的差异。

第二，开放心态，坦诚待人处世。当我们有一个开放的心态，客观看待事物，真诚对待他人，处理任何事情不以私利为出发点，更不以私利为目的的时候，任何问题就都有了解决的前提和基础。人是很奇妙的，每一个起心动念，在自己开口之前，别人都会感知到。坦诚太重要了。美国通用电气前CEO杰克·韦尔奇在他的力作《赢》一书中告诉我们，坦诚将把更多的人吸引到对话中，加快解决问题的速度，并且节约成本。现实中总会有人畏首畏尾，怕直言不讳会伤害感情、引起误解，从而带来不必要的麻烦。其实只要你将真诚的原则一以贯之，你就不需要有这些无谓的担心。

第三，换位思考和同理心。美国斯坦福大学教授本·乔亚认为，所谓同理心就是从当事人的角度体会当事人的感受，感同身受，并及时

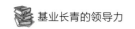
基业长青的领导力

准确地把这种感受传递给对方，让对方感受到被理解甚至是遇到知音。试想，当对方视我们为知音的时候，沟通该多么顺畅啊！

第四，双赢思维。这是一种全新的思维模式，它反对传统的非赢即输、非黑即白的思维理念，在寻求理解对方的基础上找到新的解决方案，使双方都感到满意。

第三节　统合综效在团队中

统合综效讲的是由差异个体组成的集体如何实现高效能的合作。统合综效的团队发挥团队的力量时，产出的结果一定大于个体产出的总和。这就是统合综效的作用。统合综效的团队常常表现出以下特点：

1. 有十分清晰的目标

一个优秀的团队，有着十分清晰的团队目标，并且在每次设定目标的时候都会让每位成员共同参与。好的领导者不仅替他的下属指明方向，还经常参与其中，和他们一起为所设立的目标而奋斗。他还会竭尽所能地让团队中每个成员清楚目标、了解目标并认同目标，进而让他们为此目标而努力。

2. 各就各位，各负其责

一个团队是否能取得成功，主要看这个团队中的成员对自己所扮演的角色是否清楚，以及每个成员的权责是否明确。要知道一个成功的团队，是不允许成员逃避责任、推卸责任的。

如果职责不清，吃大锅饭，那么就会让团队成员滋生出懒惰的想法。为此要分工明确，并在团队中形成统一的目标。每个团队成员还要深知别人对自己的要求，和"自我"的分量，以免产生不必要的矛盾和误会。

3. 积极参与

领导者总会主动让他的下属参与管理。这就是所谓的参与激励，就是让员工参与本部门、本单位目标和计划的制订。这种做法可充分调动员工的积极性，对提高效率和管理水平十分有效；通过对话达到参与激励的目的，在这一过程中，员工可提出各种问题和意见，领导者听取意见、回答质疑。这样就可能在领导者和员工之间架起一座桥梁，达到彼此沟通交流思想、相互理解的目的。

4. 真诚沟通，耐心倾听

在团队沟通中，交谈是最直接、最重要和最常见的一种沟通途径。有效的交谈沟通很大程度上取决于倾听。团队成员的倾听能力是保持团队有效沟通和旺盛生命力的必要条件；作为个体，要想在团队中获得成功，倾听是一项基本要求。

有位负责人说："我努力塑造成员们相互尊重、倾听其他伙伴意见的文化，在我的团队里，我拥有一群心胸开放的伙伴，他们都真心愿意知道其他伙伴的想法。他们展现出其他团队无法相提并论的倾听风度和技巧，真是令人兴奋不已！"

5. 彼此信任

信任是团队合作的基础。李克特曾经深入研究过"参与组织"工程，

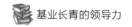

他指出，差不多所有成功的团队，都在上司与下属之间建立了一道坚不可摧的桥——信任。信任使组织士气旺盛，如虎添翼。在成功的团队中，不管是在领导者之间，还是员工之间，还是领导者与员工之间，信任都随处可见。彼此信任的团队表现出四种独特的行为特质：

1）同甘共苦，相互帮助的观念、强烈的使命感和共同的价值观早已深入人心。

2）信用至上，严守承诺。

3）帮助伙伴，激励伙伴。

4）善于求同存异，有合作精神。

6. 敢于发表言论

在高成效团队中，所有的成员都是负责人，而且是一律平等的。

他们每个人都可以毫无拘束地、自由地发表自己的见解、观点、感想，不管这个观点、感想的价值大小，他们都会得到应有的尊重。

一个高成效的团队会鼓励其成员做回真正的自我。只有群策群力，双向沟通，才能让这支团队更加完美，力量更加强大。

7. 相互认可

"我相信你一定行！"

"你做得相当棒，我非常感谢你！"

"你是我们团队的顶梁柱！"

"你是最厉害的，是有水平的，我们不能没有你！"

我们经常会在高成效团队中听到这样赞赏的话，相互认可是高成效团队的主要特征之一。这些由衷的赞美和欣赏能让团队成员兴奋不已，从而更能驱使他们互相团结、互相合作，为团队做出贡献。

可以根据以上七种情况来判断你的团队是否符合统合综效的原则。那么，现在就给自己几分钟的时间好好思考一番。这有助于你建立一支有效率的统合综效团队。

第四节　工作中的统合综效

自然界到处都有统合综效的影子，比如叠放在一起的两块木片所能承受的重量大于叠放之前分别承受的重量之和，比如排成"人字形"的雁群。如何将自然界中的统合综效原则应用到日常生活和工作之中呢？

统合综效是人类所有活动中最高级的一种，也是优秀领导者领导力的集中体现。

柯维将人类的四大天赋总结为自我意识、想象力、良知、独立意志。我们商学院对这四个词略作调整：自觉（让我们能够认清自我）、良知（让我们能够判断是非）、智慧（让我们能够找到办法）、勇气（让我们能够行动起来）。

领导者须具备这四大天赋，并辅以共同的愿景和顺畅的沟通，才能达到统合综效的最高境界！

2018年的一本畅销书《赋能》中曾经讲过这样一件事情。在美国海豹突击队中，那种"我想变得更强"的人最容易被开除。在海豹突击队，谁都别想做超级英雄，因为所有的行动都要经由合作一起完成！想逞英雄者就要受到处罚！这其实是在训练军人的团队合作能力。你

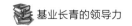
基业长青的领导力

能不能跟他人合作，是考量你的能力的一个至关重要的指标。

在工作中要做到统合综效，可以使用以下方式：

1）遇到分歧时，不应先急着妥协或对抗，因为任何人都不能保证，自己给出的选项一定是最佳选择；

2）即使处于不利境地，也不应该放弃追求统合综效。不要在意别人的无礼行径，避开那些消极力量，发现并利用别人的优势，提高自己的认识，扩展自己的视野。在互相依赖的环境中勇敢而坦率地表达自己的观点、情感和经历，借此鼓励他人同样地彼此坦诚相待；

3）找出双方都满意的第三选择的要诀：尊重差异、调动创意，用开放、创造性的眼光重新审视面前的问题，化阻力为动力；

① 尊重差异。当我们能够尊重差异时，对方才会愿意跟进。当看到对方跟我们不同时，最好的方法是倾听；

② 调动创意。鼓动所有人一起发挥创意能力，达到统合综效的目的。

第五节　与优秀人才为伍

中国古语说，"近朱者赤，近墨者黑。"犹太人对此亦有类似的形象比喻："和狼生活在一起，你只能学会嚎叫。"的确，人在好的环境生活，有利于自己的发展。结交朋友也是一样，多和比自己优秀的人来往，耳濡目染，潜移默化，你也会受到良好的影响，从而成为一名优秀的人。

第九章 统合综效

提起巴菲特，人们常常津津乐道于他独特的眼光、独到的价值理念和不败的投资经历。其实，除了投资天分外，巴菲特很早就知道去寻找能对自己有帮助的贵人，这也是他的过人之处。

巴菲特原本在宾夕法尼亚大学攻读财务和商业管理，在得知两位著名的证券分析师——本杰明·格雷厄姆和戴维·多德任教于哥伦比亚大学商学院后，他辗转来到商学院，成为"金融教父"本杰明·格雷厄姆的得意门生。大学毕业后，为了继续跟随格雷厄姆学习投资，巴菲特甚至愿意不拿报酬，直到巴菲特将老师的投资精髓学成后，他才出道开办了自己的投资公司。

人的一生看似在和许许多多人打交道，但无论你的圈子有多大，真正影响你、驱动你、左右你的，一般不会超过八九个人，甚至更少。你身边的人影响着你的利益得失，左右着你的思想感情，所以一定要慎重选择身边的朋友。

生活中，很多人都有这样一种心理，他们不肯去结交那些地位比自己高，能力比自己强的人，反而总是乐于和不如自己的人交际。这一方面是担心自己会相形见绌，另一方面是担心别人议论自己爱巴结奉承。与不如自己的人交际，的确能在心中产生某种优越感。可是，仅仅满足于自己心灵上的慰藉是十分短浅的见识，因为从不如自己的人身上你很难学到对自己有益的东西。要想往高处走，必须获得优秀朋友给自己的刺激，以助长自己的勇气。一个有能力的朋友不仅是我们的良伴，也是我们的老师。他们能指引你走一条畅通无阻的大道，让你在奋斗的路途中少走弯路。因此，编织自己的人脉网时需要有意识地结交那些比自己优秀的人。

当然,优秀的人并不一定都是成功人士,只要他们在某一方面比你优秀即可。

如何与优秀人物打交道呢?你要做好以下几点。

1. 战胜自卑

当然,一个普通人要与一个优秀人物缔结友情,是相当困难的事。因此,你首先需要战胜自己的自卑心理,做好你可能屡次遭遇热脸贴冷屁股的心理准备。重要的是自己看得起自己,适当调整自己的心态,鼓起勇气。

环顾我们身边那些事业成功的人,你会发现,他们共同的特点就是敢于去结交比自己优秀的朋友。因为他们相信:英雄不问出处。因此,他们敢于大胆地去表现自己。

一位推销员曾经造访一家企业的总裁。当他离开时,无意中转身从门缝中看到,自己的名片被总裁扔进了垃圾桶。

这位朋友并没有就此离开,他转身回来对总裁说:"我可以取回名片吗?"

总裁感到有些意外,便找借口说找不到他的名片了。这时推销员又拿出一张名片,很有礼貌地说:"我将这张名片送给总裁先生,希望您保管好。"

总裁对这位销售员的机智和坚韧留下了深刻的印象,他最终也获得了一份保险大单。

因此,制造与优秀人物深入交谈的机会既需要深思熟虑,有意识地创造机会,也需要见机行事,迎难而上。

2. 表现自己优秀的一面

优秀人物并不是对谁都肯施舍友情的,毕竟他们的时间有限。因此,要学会换位思考,想一下他们凭什么愿意和你交朋友,你能给他们带来什么好处。

在拜访他们时要尽量表现自己优秀的一面,让他们发现你的独特之处,或者是趣味相投,或者让他感觉你有潜力可挖。

总之,首先得让优秀人物先看中你,他们才会想办法帮助你。但帮助你是因为你值得帮助,他们才会施以援手。

3. 双赢的心态

很多想结交优秀人物的人,都是想从他们那里得到帮助。可是,若是你一直在他们身边谈自己的利益,会让对方认为你唯利是图。而如果你在他们面前从来不谈利益,也会让他们对你产生戒备心。因此,最好的办法就是让对方认识到你所做之事与他们有着紧密的利益关系。如果你能以双赢的心态跟他们交流,那是再好不过了,对方会觉得你这个人比较实在。

4. 多听少讲

与优秀人物交流时,你可以以合适的方式引导他们说一些你最关心的话题。但是,千万不要抢话,要把时间留给他们,这样你才可以学到更多的东西,对方也会觉得你踏实靠谱,懂规矩。

5. 少在别人面前炫耀你的关系

当然,结识优秀人物往往会引起别人的关注。如果你此时嘴上没有

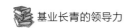基业长青的领导力

把门的，经常吹嘘自己和大人物的关系如何密切，就会让大人物反感，认为你人品不好。得意忘形者往往会一落千丈。因此，要注意处事低调。

总之，结交优秀人物是获取成功的路径之一。不用因为害怕别人的流言蜚语而裹足不前。与优秀人物交往是一种幸福，可以让自己得到精神层次上的愉悦。因此，拿出勇气和智慧，与优秀人物交往、沟通，不断地从内在和外在两个方面提升自己，有一天，自己也会迈入优秀之列。

第六节　借助他人的力量

有人曾说："实力不够，就自己做车厢，挂人家的火车头。"在人生的博弈中，有些事情自己看来难如登天，在别人眼中却易如反掌。这个时候，我们要学会借助别人的力量，顺利达成自己的目标。

几年前，国内有一家生产摩托车车把、闸座的小厂，其产品表面的防腐性能甚至超过了日本企业的标准，从而成为替代日本进口原件的产品。但由于该厂各方面的条件有限、实力不足，想要进一步发展力不从心。经过长时间的思考之后，厂长觉得唯一的出路就是与其他有实力的企业合作。于是，该厂争取到了与一家著名摩托车企业进行产品配套合作的机会。两年后，双方共同出资建立了一家摩托车配件有限公司。

随后，小厂利用赚到的钱，不断地进行扩张，产品由原来的摩托车车把、闸座等一类产品，扩展到了轮毂、油箱……直到生产整车。时

机成熟后，它脱离了与大企业的合作关系，成立了一家独立的摩托车整车生产企业。

小厂选择与大企业合作无疑是明智之举。在一条产业链中，小公司的位置相对来说较低，因此，借助大公司的优势可以迅速成长。而大公司通过与小厂合作也能弥补自己在供应链上的短板。因此，无论是小厂还是大企业，均在合作中得到了意外的收获。

企业发展需要借助外部力量，同样，个人发展也需要善于借助他人的优势。当然，这并不是一件容易的事，需要你掌握借力的艺术。

首先，你需要借的东西是自己不具备，而且是急需派上用场的。如果你借来的不是急用的东西，那就降低了资源的使用效率。

其次，在你的人脉网中，并非所有人脉都肯向你提供帮助。那么，什么样的人才能帮助你呢？这就需要你明确借的对象。如果找对了自己要借力的人，那么可以说已经成功一大半了。

再次，要掌握借的分寸。借，当然不能狮子大开口，但是也不能因为要借用对方的资源而对对方言听计从，失去自我。

英国女王伊丽莎白很巧妙地掌握了借力的艺术。

伊丽莎白作为英国最高的统治者，在妙龄时期一直未婚，因此成了许多国家王公贵族们追求的对象。为了得到这位"童贞女王"的青睐，一些胆大妄为的家伙想尽各种办法来诱惑她，但她总能很好地把握对待他们的分寸。

当时，英国与西班牙发生了领地归属问题，英国需要和法国结盟。当时，法国国王的两个兄弟都年轻英俊而且未婚，他们也有意于伊丽莎白。英国人也认为这是女王婚嫁的大好机会。

而事实上,伊丽莎白一直巧妙地在这两个兄弟间周旋,既让他们每个人都抱有殷切的希望,让他们围绕在她周围听从她的调遣,但他们的关系又没有任何实质进展。直到英法两国签订了同盟条约,伊丽莎白才很礼貌地拒绝了两兄弟。

至此,两兄弟才明白伊丽莎白是借助了他们的力量来说服哥哥和英国结盟。但是,木已成舟,悔之晚矣。

伊丽莎白巧妙地借助对方的力量,既没有让自己委曲求全,又为自己的国家化解了危机。

第十章　基业长青领导力

老子在《道德经》中说："知人者智，自知者明；胜人者有力，自胜者强；知足者富，强行者有志；不失其所者久，死而不亡者寿。"意思是说，认识和了解别人的人是智慧的；正确了解自己能做什么，究竟有多大能力，能做成什么是有自知之明的；能够击败对手、超越他人的人是能力卓绝、威力超群的；能够战胜自己的不良欲望、恶劣习性，超越自我，更上一层楼的是真正的强者；懂得安于宁静，乐天知命的人是最富有的；能够坚持自己的信念，不断前进的人是有志向的；在任何情况下不忘记自己的根本，不迷失自己的本心，身虽死而"道"仍存，才算是真正的基业长青。

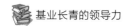
基业长青的领导力

第一节　成就卓越的秘密

我们都知道项羽和刘邦争霸天下的故事。项羽在推翻秦王朝的战争中起了非常关键的作用，属于实力派人物，其势力远远超出刘邦。而且他"力拔山兮，气盖世"，若论单打独斗，别说他能以一当十，就是以一当百也不为过。在与刘邦争夺天下的过程中，一开始，只要项羽亲临战斗，则每战必克，刘邦则每战必败，但结果却是刘邦的势力越来越大，而项羽的势力却越来越小，最终落得个被围垓下、自刎乌江的结局。他至死也没弄明白他到底失败在什么地方，还说："此天之亡我，非战之罪也。"

反观刘邦，不仅本领不如张良、萧何、韩信这"汉初三杰"，而且还"好酒及色"，早在当亭长时，"廷中吏无所不狎侮"，简直就是地痞流氓。但在与项羽的战争中，刘邦却最终打败项羽，夺得天下。为什么？刘邦在统一天下后的一次庆功会上，曾向群臣解释说："夫运筹帷幄之中，决胜千里之外，吾不如子房；镇国家，抚百姓，给饷馈，不绝粮道，吾不如萧何；连百万之众，战必胜，攻必取，吾不如韩信。三者皆人杰，吾能用之，此吾所以取天下也。项羽有一范增而不能用，此其所以为我擒也"。

刘邦把胜利的原因归结为他能识人用人，而项羽则不能识人用人。换个角度来讲，刘邦的胜利是团队的胜利。他使英雄有了团队，团队有了统帅，并像狼群一样结成整体，所以打败了项羽。而项羽则仅靠匹夫之勇，虽然可以"以一当十"，甚至可以"以一当百"，结果还是因为自己没有坚强的后盾，没有建立起一个人才各得其所的团队，所以失败也是情理之中的事。

企业的领导者要培养每个员工的团队精神，把所有员工的力量都凝聚在一起，这样的企业才能够战胜各种困难和挑战，走向一个又一个的胜利。当然，在培养团队精神的过程中，领导者要尊重每个员工，鼓励每个员工充分地发挥自己的聪明才智，表现自我，这样整个集体就一定会变得强大而令人敬畏。

企业是一个由大量员工组成的有机整体。这些员工之间有可能存在着利益上的冲突，这是一种非常正常的现象。对于企业的管理者来说，他领导的是一个集体，所以在任何时候都要努力消除这些冲突，维护企业的整体利益，促进员工之间的团结，绝不能让这些个人利益冲突损害企业的整体利益。领导者要让员工知道，企业的利益是每个员工的利益之所在，没有企业的利益，自己的那一份利益最终也是保不住的。所以，所有的员工都要团结一致，共同去拼搏奋斗。

第二节　领导者的脑力游戏

很多优秀的公司在管理方面都各有千秋，但总的归纳起来，有一点

它们是相通的,那就是对"角色定位"的运用,这是管理学中的一个重要概念。一个公司的领导者只有明确了自己的身份,才能让员工各就其位,各显其能。

"角色"一词本来是舞台术语,用在这里,我们把它引申为领导者的职责或职位定位。一个公司的领导者要领导着自己的公司去面对一个复杂的环境。而这个复杂的环境是由竞争者、供应者、顾客等内外因素共同构成的。如此一来,环境促使领导者们要扮演各种各样的角色,这样难免会造成角色的混乱和冲突。那么如何才能避免这种冲突呢?

关于领导者的定义是仁者见仁,智者见智。哈佛大学管理学大师史特鲁认为:"领导者是用脑力控制别人的魔术师,而控制的最佳效果就是优良的领导。"

管理学家赫伯特·西蒙认为"领导就是决策"。而目前,欧美、日本等一些领导学著作也都对领导做出了不同的定义,如:

领导是一种计划、组织和控制活动的过程。

领导是一种活动,即由一个人或者更多的人来协调他人,以便收到个人单独活动所不能收到的效果。

领导是一种工作,即筹划、组织和控制一个组织或一组人。

综上所述,我们给领导下一个全面而可靠的定义,即领导是一种管理活动,它能发挥某些职能,并能有效地获取、分配和利用人力及物质资源来实现某个愿景。

领导工作的中心,一是领导他人,二是协调他人工作,引领大家朝着共同的目标前进。简而言之,领导就是一种组织内部的控制系统和协调系统。

更进一步讲，领导行为必须同时具备两个必要条件，其一，必须是两个及两个人以上的集体活动，其二，领导者和被领导者要有一致的目标。

领导是一门科学，它不仅要把职工的工作组织起来，还必须规划愿景，制订计划，指挥团队成员开展工作，等等。

然而，领导亦是一门艺术。凡是有过领导经验的人都知道，在领导过程中，类似判断力这种主观因素起着重要的作用。

的确，领导既是一门科学，又是一门艺术，而这一切都要靠领导者去完成，那么如何把这种千头万绪、矛盾百出的领导工作做得井然有序、有条不紊呢？最好的方法就是把它当作一种"脑力游戏"，也就是要靠领导者丰富的想象和准确的判断去展开领导他人的工作，切忌走教条主义的道路。

第三节　领导力的基石

领导者团体（包括公司各层级领导人员）的素质是决定一个公司前途是否光明的关键因素。如果一个公司的领导者团体是一个健康的、不断创新的、不断提高的团体，那么公司的生命力将是旺盛的、无限的、永不枯竭的；反之，如果没有这样的领导者团体，那么公司的生命力将是颓废的、有限的，甚至是危险的。

美国管理协会一致认为，以下要素是一流的领导者所必须具备的：

1）善于沟通。

2）品德高尚，基础知识扎实，有准确的判断力，见识广博，工作勤奋。

 基业长青的领导力

3）头脑灵活,有敏锐的洞察力,有时代的预见性。

4）有同情心,能设身处地为别人考虑,能在组织中创造一种和谐的气氛,具有亲和力,并且具有领导才能。

5）在把最高决策层的意图向下传达时,必须具备坚定的信念和勇气;能够真正地代表下属的意志并将其传达到最高决策层,并提出解决问题的建议。

6）自觉承担责任,并在行动中恪守原则,严守信誉,不为浮利而心动。

7）能把公司的收益与员工的收入挂钩,让公司与员工成为利益共同体。

8）决策要果断,不能武断;要有坚韧不拔的毅力,不能半途而废。

9）有开创精神和拼搏向上的精神。

10）知难而上,要有一颗勇敢的心。

11）不阿谀奉承、曲意逢迎。

12）不掩饰错误,勇于面对,敢于承担。

13）要大公无私,重公利而轻私利。

14）不要手段,做事光明磊落

下面10条卓越的领导者的特征是由美国普林斯顿大学莫顿教授提出的。

1）合作精神。与他人一起工作时,要全身心地投入、配合。

2）决策才能。多谋善断,具有超前的预见性。

3）组织能力。善于激发下属的才能,善于组织人力、物力、财力。

4）精于授权。能独揽大权，分散小权，做事要抓重点。

5）勇于负责。

6）善于应变。

7）敢于求新。

8）敢担风险。

9）尊重他人。善于接纳他人意见，不独断专行。

10）品德高尚。

下面10项是由美国哈佛大学领导学专家罗克提出的公司领导者应具备的能力。

1）决策能力。能在各个方案中选中较优的方案。

2）规划能力。制订计划，组织和协调资源的能力。

3）判断能力。能分辨事物的是非曲直。

4）创造能力。在工作中能不断开辟新道路。

5）洞察能力。能一针见血，抓住事物的本质。

6）劝说能力。能带动其他领导者和下级齐心协力地工作。

7）理解能力。要了解人性，善于理解每一类型的人。

8）解决问题的能力。

9）培养下级的能力。要了解下级，善于培养下级，提高他们的思想觉悟和工作效率。

10）调动下级积极性的能力。能采用有效的方法，调动下级工作的积极性，让他们化被动为主动。

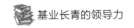

第四节　没有规矩不成方圆

团队的领导者就好像是统率全军的元帅，元帅不可能没有士兵，公司领导者也不可能孤军奋战，做光杆司令。下面几条就教你如何高效进行组织管理。

1. 要有敏锐的洞察力，时刻关注团队的气氛

经常会发生这种现象：公司明确规定上班的时间是上午8点，可是准时到的只有20%，全部到齐至少要到8点20分。这种团队懒散、不听指挥的作风，就是缺乏有效管理和组织的表现。

面对这种不良的团队气氛，有些不负责任的领导者会毫不知觉。那么造成这种气氛的原因在哪呢？总的来说，有两个方面，一是上司本身作风就不好，致使下属产生抗拒心理；二是部下对公司或上司集体不满，从而也产生了排斥心理。面对这种问题，首先要做的就是要求公司领导层成员自我检讨，设身处地地为下属着想，认真解决下属的困难。如果对这种氛围听之任之，团队很快就会陷入绝境。由此可见，有敏锐的洞察力是领导者最基本的能力之一。

2. 灵活运用"2·6·2原理"

一个团队中，有强烈工作意愿的人（疯狂工作）占全部员工的两成（A型）；没有工作意愿的（即叛逆的人）占两成（C型）；介乎两者之间的则占全部员工的六成（B型），即得过且过，随波逐流型。这是心理学家通过调查得出的结果。B型人有时会跟随A型人，有时会跟随C型人，最主要决定因素就是看一个公司里到底是哪种类型（A型

或 C 型）的人受欢迎。如果 B 型人倒向 A 型人，则有利于公司发展；反之，若倒向 C 型人，那么公司就需要进行调整了。

作为一个公司的领导者，总会希望公司能欣欣向荣，所以领导者务必千方百计地激励 A 型人，让他们占主导地位。

3. 树立有吸引力的目标

提高下属的士气，激励员工的创造精神，采纳下属提出的好方案，想尽办法提高员工的能力和部门效益，这是一般领导者都应有的职责。但是仅仅在这个范围内打转，那只能让你成为一个平庸的领导者。领导者若想取得更大的成就，就须树立一个具有吸引力的目标，使员工能够主动为之付出努力。

4. 卡耐基的说服法则

我们举一个不是很恰当但道理却相当深刻的比喻："我喜欢草莓，鱼儿喜欢蚯蚓，所以我垂钓时用蚯蚓作诱饵而不用草莓。"这是成功学大师卡耐基说的。

卡耐基曾说过："带动别人唯一的办法是找出对方最喜欢什么，而后教对方如何得到它。"美国前总统罗斯福深知抓住人心的捷径——总以对方最为关心的问题作为话题，因此，他不论面对的是牛仔、骑兵队还是政治家、外交家，都能说得头头是道，并且总会赢得对方的尊敬。所以作为领导者，应该懂得从下属的内心需求出发，调动起他们的积极性，并与他们一起协作，达成最终目标。

5. 化解悲观和消极情绪，培养乐观精神和激情

当我们抱着得过且过的态度上下班时，我们的工作很可能是死气沉

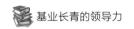
基业长青的领导力

沉的、被动的。当我们的工作缺少激情的时候,很难说我们在工作中的热情、智慧、信仰、创造力被最大限度地激发出来了,也很难说我们的工作是卓有成效的。我们只不过是在"耗日子"或者"混日子"罢了!

其实,科学高效的工作离不开智慧、热情、信仰、想象力和创造力。卓有成效和积极主动的人,他们总是在工作中付出双倍甚至更多的努力,而失败者和消极被动的人,却将生命中的激情深深地埋藏起来,他们有的只是逃避、指责和抱怨。如果一个人的工作态度是消极而狭隘的,那么,与之对应的就是平庸的人生。

良好的自制力是一个成年人的必备素质。自制力可以使我们激励自我,从而提高自我;也可以使自己战胜弱点和消极情绪,从而实现自己的目的。可以说,无论你的职位多么微不足道,但如果你能像那些伟大的艺术家投入其作品一样投入你的工作,那么所有你在工作中的懈怠都会消失殆尽,而你也注定能成就一番事业。

工作不是简单地关于干什么事和得什么报酬的问题,而是一个关于生命质量的问题。有价值的工作值得去主动奋斗,为之付出努力。正是为了成就什么或获得什么,我们才专注于什么,并在那个方面付出精力。从这个层面说,工作不是我们为了谋生才去做的事,而是我们用生命去做的事!

明白了这个道理,并以这样的眼光来重新审视我们的工作,工作就不再是一种负担,即使是最平凡的工作也会变得意义非凡。当我们具备了这样的眼光,我们就会发现那些使命会催促我们去完成必须要完成的事情——哪怕并不是分内的事,此时,也就意味着我们获取了超越他人的机会。因为在主动自发工作、敢于担当的背后,需要你付出比别人多得多的智慧、热情、责任、想象力和创造力。

你要告诉自己，你正在做的事情正是你最喜欢的，然后高高兴兴、兢兢业业地去做，不断实现更高的事业目标。

第五节　讲好故事，引发情感共鸣

我们在解决问题的时候，可以用逻辑、用理性说服对方。然而，当我们要去影响别人，让他们认同我们的时候，除了逻辑，我们还需要故事。讲好故事，能更快地建立人与人之间的链接，让他们站在你这边。

人们不愿意接受现成的"答案"，而更喜欢自己思考，然后悟出答案！所以，你可以通过讲故事阐述自己的观点，引发对方的思考，进而促使对方认同你的观点！

古时候，犹太人流传着这样一则故事：

真理，她一丝不挂，饥寒交迫。村里没人肯收留她。她的赤裸让人们，不敢直视。

寓言，发现了真理，见她蜷缩在一个角落里，战栗着，饥肠辘辘。寓言心生怜悯，扶起她，将她带至家中。

寓言用"故事"这件外衣，把真理严严实实地装扮起来，待她暖和过来，将她送出门外。

身披故事的真理，再次叩响了村民的大门。人们见她不再赤裸，马上将她热情地迎进门，并且丰盛招待。后来，家家户户纷纷邀请真理到家中喝茶做客，把屋里的炉火烧得旺旺的，把可口的美食捧出来，

基业长青的领导力

人们均以能够邀请到真理为荣！

是的，真理，有了"故事"这件外衣才有力量！

在你想说服别人的时候，没有比讲故事更有效的方法了。有时候真理会刺痛别人，需要你用故事来包装你的真理，因为故事没有那么直接，更婉转。

我国古人很懂故事思维，《触龙说赵太后》的故事，就是一个非常成功的运用故事思维的例子。

战国时期，秦国攻打赵国。赵国向齐国求援，齐国要求以赵太后的小儿子长安君为人质。赵太后宠爱小儿子，拒绝此要求，并拒绝大臣的劝谏。

触龙面见赵太后时，没有一开口就强行劝谏，他理解赵太后的做法都是出于爱子心切。于是他先询问赵太后的身体状况和饮食，这种诚恳的关心让赵太后的抵触情绪缓解下来。紧跟着，触龙提出提携自己儿子的要求，这让赵太后产生了"可怜天下父母心"的认同感和亲切感，放下了怒气和敌对情绪。

随后，触龙提出"爱护子女就要为子女从长远考虑"的观点，并拿出其他王侯子孙没能维持长久富贵的例子做解说，委婉地道出长安君到齐国为质这件事对赵国和长安君个人将来的意义和长远的好处。触龙的话，都是从赵太后自身的角度和利益出发进行考虑，这种同理心让赵太后顺利接受了他的劝谏。

赵国的其他大臣直言劝谏，都没能说服赵太后，因为他们只注重道理的正确性，却忽略了赵太后作为一个母亲的个人情感因素，把国家利益与赵太后的情感对立了起来，形成矛盾。触龙采取讲故事的方法，对症下药，从赵太后的个人健康和母子感情角度入手，把互相对立的劝谏关系，转化为情感的理解和引导，帮助赵太后把情感与国家和子女的利益统一起来，化解了矛盾，顺利达成劝谏目的。

说服高手都善于通过讲故事来阐述自己的观点，用故事打动人，用故事提升说服效果。当然，好的故事除了有趣、形象外，还要有如下几个特点：

1. 篇幅小

现代人生活节奏加快，听故事的心态和趣味不一样了。同样是半个小时，过去你可以像说书一样，讲一个很长的故事，做很长的铺垫，人们也会饶有兴趣地倾听。现在，很少有人会耐着性子听你"说书"。因此，讲故事不要长篇大论，最好三两分钟内讲完，讲的时间长了，对方会逐渐失去耐心。故事讲得好不好，不只在于情节，也在于篇幅。

2. 听得懂

故事除了要简短，还要通俗易懂，在情节的编排上不要一味追求新、奇、特，不要过分包装你的故事。否则，最后搞得大家都听不懂，或是理解出现偏差，那这个故事就讲烂了。这就像有些人讲话，总是爱用一些时髦的专业术语，结果说出的话不伦不类，让人不知所云。

3. 记得住

什么样的故事最容易让人记住？肯定是情节简单的。再长、再曲折的故事，其实都可以浓缩成一个小故事。只需把故事的几个要素表达清楚，适当丰富一下情节，故事就很完整了。在演讲时，不要把故

事讲复杂了，你讲得越简单，听众越容易记得住。比如，你讲到自己经历的一件事，不要做太多铺垫，情节也不要展开来讲，也不要牵扯太多的人物，把主要情节交代清楚就可以了，否则，听众抓不住重点，还可能觉得你说话绕。

4. 有共鸣

故事一定要符合对方的口味，讲过之后，要能够引起对方思想或情感上的共鸣。这样的故事就是好故事。那什么样的故事最容易引起人们的共鸣呢？肯定是有杀伤力的故事。这种故事主要有三种：悲伤的故事、高兴的故事、感人的故事。

想让别人信任你，首先要让他们知道你是谁，你的故事。讲好故事，才能抓住说服的灵魂——故事可以从逻辑上串联起点、线、面、体，只有点、线、面、体都有了，那你展示的就不再是一个抽象的观点，而是一个丰富的世界；故事可以渲染主题，可以隐射观点，可以引发共鸣，当把故事放在一个特定的氛围中去讲，更能增加语言的高度、厚度、深度和力度。

可以说，任何想要说服别人、激发对方共鸣的场合，你都需要故事。以故事喻理，以故事煽情，不但会提升语言的感染力，也会起到很好的启示、说服效果。

第六节　领导者须高瞻远瞩

作为领导者，要有高瞻远瞩的目光，更要有明察秋毫的眼力。

所谓知人，就是善于了解人，有知人之明；所谓知时，就是善于洞察世事，能够掌握做出决断的条件；所谓知成败，就是能够根据上述两个方面，对事务的发展变化状况做出预测，并为取得最好的结果而积极准备。

《孙子兵法》里有这样一段著名的话："知彼知己，百战不殆；不知彼而知己，一胜一负；不知彼，不知己，每战必殆。"这可谓是对古往今来的战争经验的总结。

"知彼"的情形十分复杂，包括对对方的将帅、士气、作战能力、所处形势等所有方面的综合了解。如果说"知彼"难的话，"知己"就更难，所谓"当局者迷"，人们往往很难对自己做出客观的了解和评价。如果既能客观地评价自我又能全面地了解对手，那么就会无往而不胜了。

在"知彼"的诸多方面中，了解彼方主帅的性格、谋略、为人、心态、志向等因素是十分重要的。只要能吃透对手，对他的意图了然于胸，那主动权也就牢牢在握了。哪怕己方不如对方，只要能把握住对方，也不至于大败。

在著名的"隆中对"中，诸葛亮未出隆中就三分天下，而其后的形势也正是根据他的预测发展的，诸葛亮可谓是一位"国际形势预言家"。但细看这篇"隆中对"，就可看出诸葛亮对天下大势的论断和对局势的把握并不是靠能掐会算给算出来的，而是完全依据于对现实形势、人事的准确全面的了解和细致周密的分析而做出的。

可以说，领导者的战略眼光决定着集体的利益和公司的存亡。一家企业发展得好不好，就取决于企业的领导者是否有战略眼光。企业的

领导者就是企业的眼睛,眼睛看得有多远,路看得有多长,企业就能走多远。

什么是战略眼光?战略眼光就是指一个人具有的思维前瞻性,能比对手更早发现商机,更早洞察到趋势,能一叶知秋。正如古人常说的"不谋万世者,不足谋一时;不谋全局者,不足谋一域。"谋万世者和谋全局者就是具有战略眼光之人。

其实,领导者的战略眼光就是能够在竞争对手之前发现企业可能存在的机会和可能面临的威胁,战略眼光是一种预见能力。当然,这种预见能力不仅靠领导者的眼光,更靠领导者的智慧。简单来说,领导者的眼光其实就是领导智慧的体现。

后 记

生命中，什么才是最重要的？这是一个我们都应思考的问题。学校不会教给我们这个问题的答案，百度上也搜索不出合理的解释。为了找到真相，你必须先了解自己，同时你还得诚实面对自己。所有的这些，无不需要莫大的勇气。然后，你的生活才会真的有可能改变。

人生不过几十载光阴，许多人一辈子寻寻觅觅，最初的梦想也经不住岁月的洗刷，被永远地埋葬在梦里，到头来只留下无尽的感慨。生命中的彩虹，永远只属于那些站立潮头的弄潮儿！

当代社会充满太多的不确定性，许多人对未来都会产生一种迷茫和焦虑。如何清醒地面对未来，是我们每个人需要思考的问题。这是一个信息爆炸的时代，每个人的手机每时每刻都在接收着铺天盖地的碎片信息。目前最重要的不是表面浅层的学习，而是深层次的思维训练。思维训练的目的，归根结底是为了开发人的智力和潜能。思维训练的核心，是把思维当作一种技能来训练，就像是训练绘画技能和音乐演奏技能一样。这一技能分为两部分：一是掌握科学的思维方法；二是运用思维方法，解决实际问题的能力。思维能力强的人，头脑始终会保持清晰，有自己的独特认知，在复杂多变的环境中也不会迷失方向，并能迅速找到新的突破口。

你自己想成为什么样的人，就得下决心去学习那类人的思维方式，并用那种思维方式去做事、去思考。最终，你就会成为那样的人。过去你是什么样的人已无关紧要，重要的是，现在的你想成为什么样的人。

一个人若能坚持原则，站稳立场，信守承诺，虚怀若谷，务实求真，苦心奋斗，百折不挠，那么，这个人离成功也就不远了。

思维力是整个人类智慧的核心，学习力将是未来领导力的核心价值！只有你树立了生活的目标和方向，把自己各方面的能力和素质提高上去，你才有机会成为一个领导者，活成一束光，让每个接近你的人都感受到光明。这才是学习领导力价值的核心。

在思维训练的道路上，我们像是在黑夜里赶路的人，因为曾经被别人家的灯光照亮过脚下的路，所以，我们现在也愿意把自己的灯点亮。这点光可能很微弱，但也希望它能有机会帮助到其他赶路的人。

至于谁被温暖到，被照亮过，或许我们也并不会记得。只要我们在人生的长河里做过这样的事，就足够了。如果这点思维的亮光能够帮你走出稳健的一步，让你内心更安定，那对我们更是莫大的荣幸。

沃顿商学院的校园石碑上刻着本杰明·富兰克林的名言：

"智慧之门永不关闭。"（The doors of wisdom are never shut.）

与诸君共勉。

沃德精英商学院创作团队
2020 年 12 月

沃德精英商学院公众号

奋斗者箴言

活出一束光！付出一定会杰出！　　　　　　　　　　——沈永阳

站在顶峰，才能看到最好的风景。　　　　　　　　　——胡大伟

强壮的体魄和健康的生活就是一切，永远保持饥饿感！　——林阳博

努力到无能为力，拼搏到感动自己！生命的真正意义是给予。——马　丽

比业绩更重要的是人才！　　　　　　　　　　　　　——叶　枫

珍惜每一次拥抱，感恩每一缕阳光。　　　　　　　　——刘　兴

内心强大，战无不胜！纵使要攀登最高的山峰，一次也只能脚踏实地地迈出一步。　　　　　　　　　　　　　　　　　　——曾　诚，旷嵋月

人生如画，要用心灵去描绘。组织的发展需要悟性的提升。越成熟的稻穗，腰弯得越低。　　　　　　　　　　　　　　　　——吴　棣，黄　勤

旅行的目的就是旅程本身！愿我每一次的分享，改变更多人的生活！
　　　　　　　　　　　　　　　　　　　　　　——张　力，谭荣美

不是你多厉害更重要，而是你帮助了多少人取得成功！　——高　平

懂得选择，学会放弃；吃亏是福，给予有幸！　　　　——潇　云

销售无神功，只有基本功。　　　　　　　　　　——黄北舜，陈清梅

不允许任何一位和我们握过手的朋友，遭受疾病和痛苦！
　　　　　　　　　　　　　　　　　　——陶　嘉，蒋伟民，陶　涛

跌倒了，爬起来，这就是成功！　　　　　　　　——王大林，孙　颖

沉舟侧畔千帆过，病树前头万木春。　　　　　　——张少平，程莉华

用爱心做事业，用感恩的心做人！　　　　　　　——张　平，张志伟

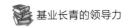

优秀还不够,要做到卓越。做让自己幸福的事,做让更多人获得幸福的事。

——戴 杰,王蔚菁

瞄准月亮,即使没有到达也落在云彩上。　　　——李 敏,寿敏珠

付出才会杰出,为别人创造价值,别人才愿意和你交往。

——冯伊善,李 华

人生重要的不是你站的位置,而是你所选择的方向。 ——郑 峰,武英辉

不积跬步,无以至千里。　　　　　　　　　　　　　——杨 娟

点燃自己,照亮他人,铸就精彩人生!　　　　　　　——林新研

我是这个世界的修缮者,我有责任把这个世界变得更好!　——刘思雅

成为一束光,带给人们希望,更照亮他人的生命。　　——马碧美

创业是一场个人成长的无止境锻炼,让人生充满乐趣,让生命绽放异彩。

——叶小红

任何时候都不该丢失的东西:信仰、信念、信任、担当、谦卑、真情。

——王 晓,陈 洁

坚持数年,必有成果!　　　　　　　　　——李远方,胡西娜

永无止境地追求进步!　　　　　　　　　——杨 悦,蔺 雨

成功,就是比失败多一次爬起来!　　　　　　　　　——徐冠英

不要因为时间流逝而变老,而是伴随岁月不断更新。

——刘 波,龙 彦

机会千载难逢。把握机会,幸福人生!　　　　　　　——郑丽芳

生命在于不断挑战!　　　　　　　　　　——沈光灵,徐 芳

让梦想插上翅膀。　　　　　　　　　　　　　　　——高春媛

爱拼才会赢!　　　　　　　　　　　　　　　　　——戴西西

生命的目的不只是成功，生命的目的是不断地成长与分享！

——苏筱抒，梁亦陶

成功要从决定去做的那一刻起，持续累积。 ——李晓优

在能奋斗的时候用尽全力，在能改变的时候竭尽所能！——安东尼，李缇娜

帮助别人健康地活着是人生最大的成功。做孩子的榜样，让孩子成为我们的骄傲！ ——王跃辉，杨　帆

只要你足够想要，没有做不到的！ ——郑秋群

忘记背后，努力面前，向着标杆直跑！ ——李欣慧，李迎喜

一件事，一群人，一辈子！用爱心做事业，用感恩的心做人！

——龙　诚，王力军

人若有志，万事可为。 ——张金梁，丁素壮

这个世界需要我们来引领！ ——车姗姗

在平凡中创造不凡，让每一天活出精彩。 ——鹿瀚玉，陈颂文

积极的人生像太阳，照到哪里哪里亮。 ——黄　丽

微笑迎接每一次挑战，成就不一样的人生。 ——吕永亮，王海青

做健康的代言人，做健康的使者，做健康产业的推行者。 ——韩　宁

不忘初心，砥砺前行！ ——何慧伶

成功不是你赢过多少人，而是你帮过多少人。 ——吴　萍

一心向着梦想前进的人，全世界都会为他让路！ ——张昱辉，林素云

我的健康我做主，我的人生我做主！ ——肖　涛

人的潜力是无限的！ ——毛远沙

再长的路一步一步也能走完，再短的路不迈开双脚永远也不会到达。

——周　华，吕　枫

不悔初心，方得始终。　　　　　　　　　　　——肖淑文，鲁　超

不忘初心，方得始终。　　　　　　　　　　　——龙　义

开发潜能，拓宽人生。　　　　　　　　　　　——孙龙娟，徐惠怡

帮助足够多的人获得他们想要获得的，你一定可以获得你想要的！

　　　　　　　　　　　　　　　　　　　　　——车伟诚，黄桂枝

一分耕耘，一分收获。　　　　　　　　　　　——陈秀萍

充实你的思想，用生命影响生命，迎向无限可能。——欧　阳，陈秋芬

知足常乐，笑口常开。点燃梦想，改变人生。——陈泽恺，刘　艳

相信自己，相信时间，相信努力。　　　　　　——唐巾斐

知识就是力量！　　　　　　　　　　　　　　——吴　畏，李红艳

传播健康，传播大爱。大爱大格局，才有大成就。——梁晓纯，赵　戎

海纳百川，上善若水。不论生活给予什么，永远保持耐心和决心。

　　　　　　　　　　　　　　　　　　　　　——徐　睿，徐延斌

今天做别人不愿做的事，明天就能做别人做不到的事！——何　洁

千里之行，始于足下。　　　　　　　　　　　——周一萍

以诚待人，用心处事。　　　　　　　　　　　——余松华

我只有一件事，就是忘记背后，努力向前，向标杆看齐！

　　　　　　　　　　　　　　　　　　　　　——蒋　戈，吕底亚

你若爱，这世界处处都可爱。　　　　　　　　——朱镇穗

用人品赢取更多的信任！　　　　　　　　　　——吴　萍

相信自己一定行！　　　　　　　　　　　　　——陈华兴

成功的最高法则就是"去做，去行动！"　　　　——常春明

爱我所做，做我所爱。　　　　　　　　　　　——龚正发，赵　倩

做自己生命的CEO！	——赵　璐
每个人都不能轻易成功，唯有坚持到底，决不放弃！	——王永春
没有什么比帮助他人获得成功来得更有意义！	——刘天雅，黄　奔
只要坚信并执着，就会有好的结果。成功可能会迟到，但一定不会缺席。	
	——曹又申
做别人无法做到的，就能获得别人无法获得的！	——王巧红
说你所做，做你所说！	——周建芬，蔡青才
轻财足以聚人，律己足以服人，量宽足以得人，身先足以率人。	
	——龚君辉，龙晓宏
追逐梦想，造福人类！	——许　沙
成功不是得到多少东西，而是扔掉多少身上多余的东西。	——蘧淑棋，蘧梅花
成功是一种态度。	——周清仁
昨天挺好，今天很好，明天会更好！	——李联方，王吉祥
天道酬勤，厚德载物。	——李绍印，刘凤双
成功不是赢过多少人，而是帮过多少人成功。	——丁红莲
梦想点亮人生，改变成就未来，成功无他，用心而已。	——王国林，王增丽
永不放弃！	——王制英，王　利
一分耕耘，一分收获。	——陈秀萍
我的人生我做主！	——盛新珍
我是我命运的主宰，我是我灵魂的统帅！	——刘丽梅
只要承诺，就必须实现。	——李佳伦，林　栋
大格局成就大事业！	——刘　利
选择比努力更重要。	——郑品兰

 基业长青的领导力

让团队快乐地做事业。 ——张德华

改变观念，分享健康生活。 ——赵孝萍

追逐梦想，越努力，越幸运！ ——黄志中，王雪梅

年轻就是资本，越年轻越要努力，越努力就会越幸运！
——龙　盖，唐　妍

没有天生的信心，只有不断培养的信心。 ——谢军平，李伟英

放下恐惧，担起责任，我是创造的源头。 ——吴龙江

相信梦想，相信未来！ ——江玉太

提升领导力，是改变人生的最佳路径。 ——童小拉，郑皓声

建立自我，追求无我！ ——张勇祖，林伟静

成功源于信心！你怎样去想，就怎样去成就！ ——徐建刚，郭喜英

不为失败找理由，要为成功找方法！惠及他人，成就你我！
——步延成，韩俊亭

拥有健康，实现价值！ ——张全喜，陈明金

生命的价值不在保留，而是分享。 ——肖平梅

用心改变自己，用爱改变世界！ ——许　嵘

健康不是一切，没有健康没有一切！ ——黄海宴

越努力，越幸运。 ——龙　憧

追寻价值人生！ ——马珠萍

只要承诺，就必须实现。 ——张洪武

心存希望，幸福就会常在；心存感恩，快乐终将永驻！ ——陈世华

把健康与美丽，爱与支持传播到底永不放弃！ ——陈宝林

生命的价值不是你获取多少，而是你付出多少。 ——郭　艺

真快乐，真成功！	——林怡伶，罗志滔
不为失败找借口，只为成功找方法。	——黄　欣，谌宏宇
生命的价值在于增加别人的价值，生命不息，奋斗不止！	
	——戴雪军，王冀宁
生活的精彩是因为你选择了精彩，生活有当下，还有诗意和远方！	
	——陈慧勤
行动，结果，信心，潜能！	——马　俊，郑丁群
只要精神不滑坡，方法总比问题多。	——徐冬梅
平常心做事，实实在在做人。	——郑秀娟
成就他人，成就自己，传播爱！	——刘　倩
能够改变自己的人，才有能力改变世界。	——金春华
奋斗比财富重要，只有奋斗，才能获得财富。	——刘詠玲
在目标中成长，在努力中前行，在坚持中绽放！	——丁　娜
你的梦想有多大，舞台就有多大！	——蘧小莲
简单做人，踏实做事，把握健康与自由人生！	——陈艳鸿，植启明
若你微笑，自得繁花！	——龙　琦
付出越多，收获越多，越主动，成长越快！	——林　镇，詹丽君
梦想是永不放弃的坚持！	——郭　银
爱能改变世界，执着能改变人生！	——俞秀文，巴燡明
人若有志，万事可为！成为创业者，遇到更好的自己。	——刘海利，娄大朋
选择比努力更重要。	——王海英，郝占元
一个人最大的破产是绝望，而最大的资产就是希望。	——陈凯嗪
行动是治愈恐惧的良药，而犹豫将不断滋养恐惧。	——林国伟

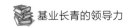
基业长青的领导力

分享快乐，会加倍快乐！	——褚更生，李　宁
不忘初心，砥砺前行！	——孟小玲
一切都是最好的安排！	——陈　莹
一群人，一辈子，一件事。	——张媚妮
梦想是永不放弃的坚持！	——谢琇珺，谢博臻
思想使人富有，行动使人充实。	——段海鸥
遇见更好的自己！	——王晓平
人生是一个不断实现目标的过程，紧紧咬住目标直到成功！	——陈兰香
态度决定高度！	——沈建瑜
人生因付出而快乐，幸福因分享而增值。	——马莉莉
信任是一种能力！	——夏　云，吴如涓
不忘初心，方得始终。	——胡爱农
笑看满山花开！	——张燕燕
坚信成就未来！	——胡国芬
愿我每一次分享，改变更多人的生活！	——孙　彬
机会永远留给有准备的人。	——王　建，俞　辉
一枝独秀不是春，百花齐放春满园。	——盛丽华，钟　磊
热爱生活，传播美好！	——张忠兰
事在人为，只要活着，就要拼搏。	——侯美玲
人最大的改变就是去做自己害怕的事情！	——严　兵
永远超越今天的自己！	——李　明
江海之所以成百谷王者，以其善下之，故为百谷王！	——罗天华
用心改变自己，执着改变命运。	——余肖萍

付出奋斗，终将走向伟大！帮助更多努力的人一起走向伟大！　——王菊妹

挫折是迈向成功道路上应缴的学费。　——魏依君，马士捷

享受坚持，感受毅力，拥抱明天。　——何小林

没有最好，只有更好。　——刘旭东，符敏霞

成为一道光，照亮更多人。　——王雪梅

自强不息，厚德载物。　——王静静

任何值得去的地方，都没有捷径。　——金野静子

你的责任就是你的方向，你的经历就是你的资本。　——黄　瑜

态度决定一切。　——周　丹

最好的爱，是给你力量去做自己。　——游斯芸，张　磊

成功属于爱拼搏的人！　——杨旭宏

悲天悯人，无愧于心。　——陈积民

保持自我成长，让坚持变得轻松！　——陈　芳

不懈奋斗，生命才有辉煌；努力学习，思想才有灵光。　——曾　霞

成功的本质就是日复一日地坚持！　——李函蔚

心怀感恩，砥砺前行。　——吴　玲

成为一束光，奉献温暖。　——吴　艳

格局决定命运，眼界决定未来！花若盛开，蝴蝶自来。——荣伟丰，黄玉萍

健康不是一切，失去健康等于失去一切。　——王淑华

思路决定出路。　——王　飞

野草遮不住太阳的光芒，困难挡不住勇敢者的脚步。　——陈懋仁，林丽菁

行动的脚步要走在正确的路上。　——沈　李

永不放弃！　——郑宝相

 基业长青的领导力

选择需要智慧，改变需要勇气！	——蔡秀丽
得人心者得天下。	——姚光辉
不历经风雨，怎么见彩虹！	——黎翠芹
一个人的梦想只是梦想！一群人的梦想才能成真！	——李蓉蓉
做小事，成大业！	——王毅中
一个人成功不叫成功，一群人成功才是真正的成功！	——闫新梅
世上无难事，只要肯攀登。	——赵丽凤
人生最美好的事，就是不断挑战自我。	——王　琴
想是问题，做是答案。	——吴国信，冯宝珠
帮助他人，成就自己。	——冯　静
睿智选择，人生更精彩。	——苏惠明
行动决定结果，坚持成就人生。	——唐潼源，岳凌云
没有播种，何来收获；没有努力，何来成功。	——张　宁，赵　欣
让努力成为习惯，让健康陪伴永远。	——严彩云，陶　力
人生就像一个庭院，只有辛勤耕耘，才不会荒废。	——王艳梅
你人生的起点，并不是那么重要，重要的是你最后抵达了哪里。	——张铧月
成功无他，用心而已。	——庄江燕
做命运的掌舵人！	——卓拯旭，成海玲
正己达人，利他赋能！	——开　文
人生最精彩的不是实现梦想的瞬间，而是坚持梦想的过程。	——刘　芬
每一个不曾努力的日子都是对生命的辜负。	——娄海珍
一颗大爱之心，能化解前进道路上的一切困难！	——程链明，朱美娟
生活就像海洋，只有意志坚强的人，才能到达彼岸。	——彭秀玲

精彩人生，全凭自己！ ——谢 丽，贺 强

诚恳做人，诚信做事。 ——张淑华，丁广友

向着梦想奔跑，沿途的一切都是最美的风景。 ——程君毅

世上无难事，只怕有心人。 ——盛冰清，聂 琦

人无远虑，必有近忧。把握健康，创造财富！ ——王菊香，张晓文

耕耘终将收获，付出必定杰出。 ——郑晓燕

心若光明，世界就光明。 ——徐立新

活成一束光！点燃自己，照亮别人！ ——华 语

成长比成功更重要！ ——林凤嫦

淘汰你的不是你的对手，而是你不愿与时代同频的脚步。 ——林曼芳

未来可期。 ——张 宁

专业做事，良心做人！ ——钱小兵

改变的速度就是自己成功的速度，只为遇见更好的自己！ ——史慧敏

海阔凭鱼跃，天高任鸟飞。活出生命的丰盛与精彩。 ——钟晓燕

不是因为拥有了才会付出。 ——侯宝琳，宋健强

要么出众，要么出局！ ——陈仕朋

美美与共，云起龙骧。 ——田美云

成功的秘诀在于坚持既定的目标。 ——幸 晖，杨 威

有梦想谁都了不起。 ——黄学海，刘 莎

千万次的努力不如一次智慧的选择！ ——韩 越

人生就是不断挑战与改变的过程。 ——杜庆磊

帮助别人，成就自己！ ——刘廷发，牛红新

激情一定会感染你身边的人！ ——何瑞霞

基业长青的领导力

青春无悔,勇敢去做。 ——陈凯仪

如果你我有缘,就让我们在繁星顶峰相见。 ——刘 静

阳光下做人,风雨中做事。 ——文艳芬,林进昌

平凡的脚步也可以走完伟大的行程! ——吴美然

人生无限可能,过不被定义的人生! ——余 芳

成功永远没有顺其自然,幸福是奋斗出来的! ——史亦农

基业长青的领导力

领导力系列书籍编委会成员

主编

沈永阳　胡大伟

参编

叶　峰	林阳博	马　丽	曾　诚	旷峏月	刘　兴	吴　棣
黄　勤	戴　杰	王蔚菁	谭荣美	张　力	高　平	潇　云
黄北舜	陈清梅	陶　嘉	蒋伟民	陶　涛	张　平	张志伟
郑　峰	武英辉	李　敏	寿敏珠	杨　娟	王大林	孙　颖
林新研	刘思雅	王　晓	陈　洁	李远方	胡西娜	蔺　雨
杨　悦	徐冠英	龙　彦	刘　波	郑丽芳	沈光灵	徐　芳
高春媛	戴西西	张少平	程莉华	苏筱抒	梁亦陶	李晓优
安东尼	李缇娜	杨　帆	王跃辉	郑秋群	李欣慧	李迎喜
龙　诚	王力军	张金梁	丁素壮	车姗姗	鹿瀚玉	陈颂文
黄　丽	吕永亮	王海清	叶小红	马碧美	韩　宁	何慧伶
吴　萍	张昱辉	林素云	肖　涛	毛远沙	李　华	冯伊善
周　华	吕　枫	鲁　超	肖淑文	龙　义	孙龙娟	徐惠怡
车伟诚	黄桂枝	陈秀萍	陈秋芬	欧　阳	陈泽恺	刘　艳
唐巾斐	吴　畏	李红艳	周一萍	赵　戎	梁晓纯	徐　睿
徐延斌	张勇祖	林伟静	何　洁			